LA VRAIE VIE
de Jacques Keable
publié chez
LANCTÔT ÉDITEUR.

Équipe

Idée originale : Guy Brouillette

Chargés de projet : Guy Brouillette,
avec la collaboration de Luc Allaire

Rédacteur : Jacques Keable

Comité éditorial : Louis Fournier, France Laurendeau,
Michel Blondin, Johanne Deschamps, Nicole de Sève,
François Lizotte, Jean Martin, Jean-Pierre Néron, Christian
Payeur, Jean-Claude Tardif et Pierre Tellier.

———————

Rédacteur de la présente mise à jour : Jacques Keable

Comité éditorial : Guy Croteau, Dominique Glass, Claude
Grenier et François L'Heureux, de la Fondation de formation
économique du Fonds de solidarité
de la FTQ.

Centrale des syndicats
du Québec

CSQ

Fédération
des travailleurs
et travailleuses
du Québec

FTQ

FONDS
de solidarité FTQ
La force du travail

LA VRAIE VIE

Du même auteur

L'information sous influence. Comment s'en sortir, VLB éditeur, 1985.

La révolte des pêcheurs. L'année 1909 en Gaspésie, Lanctôt éditeur, 1996.

Le monde selon Marcel Pepin, Lanctôt éditeur, 1998.

La grande peur de la télévision : le livre, Lanctôt éditeur, 2004.

Le dossier noir des commandites, Lanctôt éditeur, 2004.

Jacques Keable

La vraie vie

Ce que tout jeune devrait savoir sur le monde du travail
et qu'on lui dit trop peu!

Nouvelle édition, revue et augmentée

LANCTÔT
ÉDITEUR

LANCTÔT ÉDITEUR
4703, rue Saint-Denis
Montréal (Québec)
H2J 2L5
Tél. : (514) 680-8905
Téléc. : (514) 680-8906
Adresse électronique : info@lanctot-editeur.com
Site internet : www.lanctot-editeur.com

Illustrations en couvertures et à l'intérieur :
Serge Gaboury

Maquette de la couverture :
Stéphane Gaulin / Geneviève Nadeau

Mise en pages :
Andréa Joseph [PageXpress]

Distribution : Prologue
1650, boulevard Lionel-Bertrand
Boisbriand (Québec)
J7H 1N7
Tél. : (450) 434-0306 / 1.800.363-3864
Téléc. : (450) 434-2627 / 1.800.361-8088

Distribution en Europe :
Librairie du Québec
30, rue Gay-Lussac
75005 Paris
France
Téléc. : 01 43 54 39 15
Adresse électronique : liquebec@noos.fr

Nous remercions le ministère du Patrimoine canadien et le Conseil des arts du Canada de l'aide accordée à notre programme de publication. Nous remercions également la SODEC, du ministère de la Culture et des Communications du Québec, de son soutien. Lanctôt éditeur bénéficie du Programme de crédit d'impôt pour l'édition de livres du Gouvernement du Québec, géré par la SODEC.

Sommaire

Partie A
Une courte histoire du travail
et des luttes populaires
La longue marche (inachevée) vers la liberté

Partie B
Le syndicalisme dans tous ses états

INTRODUCTION

> *Partout où toutes les choses se mesurent par l'argent, on ne pourra jamais organiser la justice et la prospérité sociale, à moins que vous n'appeliez juste la société où ce qu'il y a de meilleur est le lot des plus méchants ; et à moins que vous n'estimiez parfaitement heureux l'État où la fortune publique se trouve aux mains d'une poignée d'individus insatiables de jouissances, tandis que la masse est dévorée par la misère.*

> THOMAS MORE, *L'Utopie*, 1516

Le cellulaire !…

Plié, au creux de la main, il passe presque inaperçu. Déplié, il laisse voir un écran de la dimension d'un gros timbre-poste. Téléphone, il lui arrive d'être aussi appareil photo et caméra vidéo… Branché sur Internet. Ce qui permet à son heureux détenteur d'avoir accès, et en direct, aux Jeux olympiques de Pékin, puis à ceux de Vancouver… à Julie Payette dans sa capsule flottant quelque part dans l'espace… à une poursuite policière à Los Angeles ou ailleurs à l'autre bout de la planète désormais devenue quasiment une simple banlieue! Une banlieue où il n'y a même plus moyen de se perdre, malgré les déserts et la toundra: suffit de pitonner sur son GPS[1] pour retrouver sa route!

Tous ces appareils de magie n'étonnent peut-être plus, mais ils séduisent drôlement: *À la fin de 2004, plus de 600 millions de téléphones portables avaient été vendus dans le monde.* Et ça continue, en hausse constante! Et surtout pas question de posséder un cellulaire démodé: *Rien qu'aux États-Unis, entre 40 et 50 millions de téléphones sont jetés chaque année. Modèles ouvrants à écran à haute résolution, appareils multicolores ressemblant à des bonbons […] la mode change tous les six mois[2].* Et voilà que la Chine elle-même, avec son milliard trois cent millions de personnes, y prend dangereusement goût!…

Ordinateurs, cellulaires, Internet, GPS…, tous ces outils quasi miraculeux ne font, tout compte fait, que s'inscrire dans la poursuite incessante d'un rêve aussi vieux que

---

1. Global Positioning System ou, en français pointu, un Géopositionnement Par Satellite ou encore, en langage courant, un… GPS!
2. Dan Schiller, «Esclaves du portable», *Le Monde diplomatique*, février 2005.

l'humanité : aller toujours plus loin, plus haut, plus profond, explorer, découvrir des mondes nouveaux, savoir plus et mieux. Comme Christophe Colomb qui, en 1492, au terme d'un long et périlleux voyage à voiles sur les océans, découvre les Amériques... Comme Marie Curie qui, en 1898, découvre le *radium* et invente le mot *radioactivité*, en meurt et gagne deux fois le prix Nobel... Comme l'astronaute russo-soviétique Iouri Gagarine qui, en 1961, premier de son espèce, ouvre la route de l'espace...

La mondialisation : *sauvage* ou *civilisée* ?

Les moyens technologiques que l'humanité s'est donnés sont fabuleux. Les océans se franchissent en quelques heures. Les communications via Internet sont instantanées d'un bout à l'autre de la planète. Les frontières s'effritent. Grâce à des moyens de transport rapides, les produits fabriqués sur un continent sont vendus le lendemain sur un autre continent. Ce qui relevait de l'inaccessible, il y a quelques décennies à peine, est maintenant à portée de main de beaucoup de gens : voyager au-delà des mers, découvrir des pays lointains, des civilisations, des coutumes, des musiques...

Peut-on être contre cette mondialisation ? Évidemment pas ! L'ouverture sur la planète, ses peuples, ses civilisations et ses richesses, qui donc peut s'y opposer ? Échanger avec l'autre, commercer... qui est contre ?

Mais... mais il y a la manière. La mondialisation actuelle – et comment peut-on affirmer le contraire !... – est du type prédateur. Les loups circulent en toute impunité dans les bergeries : associant, d'une part, la facilité croissante à transporter des produits d'un bout à l'autre de la planète et, d'autre part, la disponibilité d'une main-d'œuvre super abondante, pas chèrante, souvent affamée, pas exigeante et pas syndiquée, dans les pays dits *sous-développés*[3] du Sud, des industriels et des financiers pas trop scrupuleux ont vite flairé la bonne affaire et découvert le moyen de faire la… passe! On le verra, dans les pages de ce petit livre: la mondialisation, aux mains de capitalistes sans autres objectifs véritables que la maximisation des profits, est un carnage. Des tas de recherches et d'études, par des organismes plus sérieux les uns que les autres, nous en font la preuve par quatre!…

T'ouvres une usine? T'as besoin d'une main-d'œuvre pas qualifiée mais prête à travailler fort? Aussitôt demandé aussitôt obtenu dans l'un ou l'autre des pays mal pris de la planète: le monde fait la queue à ta porte! Disposé à travailler tout de suite. Pour quelques dollars!… Quant au pays hôte, en mal aigu d'emplois et en vive concurrence avec le pays voisin, il montre vite patte blanche: accommodant pour ce qui est des normes minimales de travail, pas trop pointilleux côté environnement et, en prime, très compréhensif au moment de collecter les impôts!… Bienvenue!

Alors, au Nord, des industriels avides empaquettent les p'tits et déménagent. Cap au Sud! C'est l'aubaine! Le pactole! La poule aux œufs d'or, quoi!… En avant, toutes! Cerise sur le sundae: une fois atterris dans une ville misé-

---

3. L'expression *pays sous-développés* est ancienne et, d'une certaine façon, un peu méprisante. Alors, on l'a remplacée par *pays moins avancés*, puis par *pays en développement*, et encore par *pays émergents*, expressions que l'on croit sans doute moins culpabilisantes que *pays sous-développés*. Fidel Castro, à Cuba, prend la question par l'autre bout: il préfère partir des *pays développés*, qu'il appelle… *pays sous-développants*. L'angle choisi et la sélection des mots que l'on emploie, on le voit, ne sont pas neutres.

reuse du Sud, ces bienfaiteurs de l'humanité y embauche-
ront même (*amenez-en, on n'est pas regardants*) des enfants!

Le Québec n'a pas échappé à l'hémorragie des emplois:
de nombreuses usines de textile, de chaussures, de meubles,
etc. ont filé vers le Sud. Plus des centres d'appels, plus...

L'exemple le plus spectaculaire est sans doute l'industrie du vêtement. En 2001, au Québec, cette industrie
embauchait près de 100 000 personnes. En 2005, elle
embauchait moins de 50 000 personnes. Que s'est-il donc
passé? Toute la production dite bas de gamme, ne nécessitant pas une main-d'œuvre qualifiée, a été transférée
dans ces pays dont les noms apparaissent désormais sur
les étiquettes de nos *t-shirts* et de nos *jeans*.

Petite et très agaçante nouveauté des dernières années:
en plus des emplois non qualifiés, on délocalise aussi,
désormais, des emplois qualifiés, dans les secteurs de la
comptabilité ou de l'informatique, par exemple.

Tous ces changements sèment beaucoup d'inquiétude
et c'est normal: face à l'inconnu, tout le monde a un peu
peur. D'où l'importance de bien identifier ces peurs, pour
mieux en mesurer l'importance et savoir les combattre.
Résumons.

Trois grandes peurs

1. Le travail délocalisé

L'une des très grandes réussites de l'informatique a été
d'abolir les distances. On peut maintenant diriger de
Montréal, de Rouyn, de Gaspé ou d'ailleurs une usine qui,
au Mexique, embauchera des Mexicaines qui transforme-
ront du tissu produit à Calcutta en vêtements dessinés à
Paris, qu'un distributeur de Londres fera ensuite transporter

sur des navires du Liberia à destination de magasins à New York, Moscou, Tokyo et ailleurs…

Mots à la mode: *Mobilité. Légèreté. Flexibilité.* Les entreprises sont désormais, pourrait-on dire, à ressorts et sur roulettes. Trop cher de produire ici? On va ailleurs, comme on vient de le voir un peu plus haut, et on connaît la suite. Trop cher en cet ailleurs? On change de continent. On déménage. On délocalise l'usine. Dans le pays quitté, c'est la perte d'emplois…

2. Les ordinateurs qui travaillent (gratis!) à notre place

Aujourd'hui, dans certains studios de télévision, il n'y a plus de cameramans: les caméras bougent toutes seules, véritables robots dirigés par un technicien invisible depuis la régie.

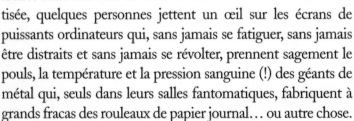

Des usines qui, hier, réclamaient des centaines de travailleuses et de travailleurs, roulent aujourd'hui quasi sans personnel. Confortablement assises dans une salle de contrôle climatisée, quelques personnes jettent un œil sur les écrans de puissants ordinateurs qui, sans jamais se fatiguer, sans jamais être distraits et sans jamais se révolter, prennent sagement le pouls, la température et la pression sanguine (!) des géants de métal qui, seuls dans leurs salles fantomatiques, fabriquent à grands fracas des rouleaux de papier journal… ou autre chose.

Le phénomène n'est pas nouveau. Ça n'est pas d'hier que des outils plus récents, plus puissants, plus efficaces, remplacent d'autres outils, plus vieux, plus épuisants, plus lents et qui deviennent aussitôt des antiquités.

La *tchaîne-sâ* à Jos

As-tu déjà entendu parler d'un camp de bûche-rons?... C'est vieux, ça, mais j'vas te raconter quand même.

Un beau matin, j'étais encore jeune, Jos s'est amené au camp avec une patente qu'on trouvait bizarre. À moteur. Une *tchaîne-sâ*! Une tronçonneuse, en français.

Il se tenait les épaules en arrière, la tête ben droite, sans dire un mot. Il s'est approché d'une terrible grosse épinette, a starté sa machine, le diable était aux vaches! Ça a pas pris deux minutes qu'il a crié Tim-beur!... et l'arbre est tombé.

J'ai acheté tout suite ma *tchaîne-sâ*, avec l'argent du beau-père, puis j'ai rangé ma hache. J'm'en sers encore pour fendre mon petit bois de poêle. Mais la machine, y en a bien d'autres qu'avaient pas l'argent pour l'acheter.

Aujourd'hui, la *tchaîne-sâ*, c'est une vieillerie.

Parce qu'à c't'heure, le bûcheron rentre dans le bois, ben assis dans la cabine chauffée de son engin en écou-tant du hip-hop dans ses écouteurs, puis... aimes-tu ça, toi, le hip-hop?... Pas mal?... Moi, pas tant que ça... J'trouve ça un peu énervé... En tout cas, c'est sa machine qui abat, ébranche, empile son bois. La belle vie...

Témoignage inédit de Zéphirin, bûcheron

Bientôt, s'il faut en croire les inventeurs les plus diaboliques, on aura à peine besoin d'actrices et d'acteurs en
chair et en os : on les fabriquera par informatique. Des
artistes virtuels !... Mais n'exagérons pas... l'Union des
artistes a encore quelques bonnes années devant elle !...

3. Le travail précarisé

Pressées d'offrir à leurs actionnaires les profits les plus
élevés possible, les entreprises font tout pour réduire leurs
coûts en personnel. À cette fin, en plus de déménager,
lorsque possible, leurs usines au Sud, elles offrent de plus
en plus, dans les pays industrialisés où elles maintiennent
quelques opérations, des emplois temporaires, à temps
partiel, à forfait, à contrat. Ça leur coûte moins cher, ça
engage moins l'avenir. Ça leur donne, disent-elles, de la
flexibilité, ça agrandit leur *marge de manœuvre*... D'où la
hausse du nombre de
travailleurs dits autonomes
qui remplissent des
contrats de durée limitée.
Ce sont des travailleuses
et des travailleurs jetables,
donc toujours un peu
stressés et inquiets face à
leur propre avenir... Ce
sont d'ailleurs *surtout les
femmes, catégorie la plus touchée
(trois quarts des cas), alors que, le
plus souvent, elles aimeraient travailler plus*[4].

---

4. *L'Atlas*, Le Monde diplomatique, hors série, p. 111, 2006.

La riposte : non à la fatalité !

Mauvaises pour tout le monde, il faut donc forcer le changement des politiques actuelles. Bâtir une mondialisation *autre*. Une *alter*mondialisation du genre « *gagnant-gagnant* ». Sans perdants. Et c'est possible :

> L'extension des possibilités de vivre longtemps et en bonne santé pour les populations des pays pauvres, d'offrir une éducation décente aux enfants et d'échapper à la pauvreté **ne diminuera pas le bien-être des habitants des pays riches. Au contraire,** cela aidera à partager la prospérité et à renforcer la sécurité collective. Dans notre monde interdépendant, construire l'avenir sur les fondations de la pauvreté de masse au milieu de l'abondance est économiquement inefficace, politiquement insoutenable et moralement indéfendable[5].

Si *c'est ça qui est ça*, trouvons la façon d'agir, individuellement et collectivement.

Au plan personnel, à n'en pas douter, cette façon passe par l'éducation, la formation et l'information, même si,

---

5. Programme des Nations Unies pour le développement (PNUD), *Rapport 2005.*

comme dit l'autre, *s'informer fatigue* : comment être conscient du sort du monde si on ne prend pas la peine de s'en informer ?

Cette façon passe aussi, pour être efficace, par des actions militantes collectives dans le cadre d'organisations engagées à un titre ou un autre dans la vie internationale, notamment dans le monde du travail, comme l'est le mouvement syndical, comme le sont aussi, par exemple, les organisations non gouvernementales de coopération internationale : pour changer le monde, mieux vaut être quelques-unes et quelques-uns, ensemble !...

Et on peut être optimiste : tout ce dont nous profitons aujourd'hui est le fruit des efforts de celles et ceux qui nous ont précédés. Ce qui signifie en toute logique que, à notre tour, nous pouvons intervenir dans la marche du monde. En améliorer les conditions. Tout ce qui est construit par des humains peut être déconstruit et reconstruit aussi, par des humains !

Bref, on n'est pas *fatalement* ceci ou cela, et oui, on peut marquer le monde, le changer. Y poser, comme on dit, sa brique, comme l'histoire du travail le montre bien. Tracée à grands traits dans les pages qui suivent, cette histoire nous fait bien voir que le travail et les conditions de travail, au fil des siècles, ont évolué. Car enfin, le travail est loin, bien loin d'avoir toujours été le lot d'une femme ou d'un homme syndiqué, pétant de santé, avec toutes ses dents et tous ses cheveux, bénéficiant de la semaine de quatre jours, de vacances payées, de congé parental, d'assurance-emploi et d'assurance maladie publique, avec peut-être, en prime, un fonds de pension privé, plus une assurance dentaire, au cas, plus...

Il y a déjà eu pire !...

Pour bien mesurer le long chemin parcouru, nous allons donc le re-parcourir à grandes enjambées, de l'esclavage jusqu'à nos jours, en passant par la *révolution industrielle*, le taylorisme et le duplessisme, un long détour qui nous ramènera à cette mondialisation qui, aujourd'hui, nous défie.

Bon voyage!

Partie A

Une courte histoire du travail
et des luttes populaires

La longue marche (inachevée…)
vers la liberté

CHAPITRE 1

L'INTERMINABLE TEMPS DES ESCLAVES

À la chute de l'Empire,
l'Indien s'est assis accroupi
comme un tas de cendres
et il n'a rien fait d'autre que penser...

ERNESTO CARDENAL[6]

L'homme s'appelle Frederick Douglas. Né esclave noir aux États-Unis en 1817. S'est battu toute sa vie, malgré mille attaques physiques et morales, pour conquérir sa liberté et celle des siens.

De cette longue tourmente victorieuse que fut sa vie, il tire une leçon fondamentale : la liberté n'est pas donnée. Elle se conquiert.

Toute l'histoire du progrès des libertés humaines montre que toutes les concessions sont sorties de la lutte. S'il n'y a pas de lutte, il n'y a pas de progrès.

---

6. Ernesto Cardenal, *Hommage aux Indiens d'Amérique*, Paris, Orphée La Différence, 1989, p. 31.

Ceux qui prétendent défendre la liberté et déprécient l'agitation sont des hommes qui veulent les récoltes sans labourer le sol.

Ils veulent la pluie sans le tonnerre et les éclairs. Ils veulent l'océan sans les terribles rugissements de ses eaux profondes. La lutte peut être morale, ou elle peut être physique, mais ce doit être une lutte.

Le pouvoir ne cède rien si on ne l'exige pas.

Il ne l'a jamais fait et ne le fera jamais.

FREDERICK DOUGLAS,
Mémoires d'un esclave américain, 1849

Tout en se lavant les mains dans l'eau bénite du Saint-Laurent, on a longtemps pensé, au Québec, que nos ancêtres, courageux pionniers, n'avaient pas été esclavagistes!... Oh! Nous, esclavagistes? Juste ciel! Jamais dans cent ans!...

Eh ben, mauvaise nouvelle : oui, ici aussi, on a flirté avec l'esclavage! Moins que chez nos voisins du sud, mais quand même, on a acheté, vendu et même pendu des esclaves sur la place publique!... Ce n'est pas très glorieux ni, à vrai dire, très original : pendant des millénaires, un peu partout dans le monde, le travail manuel a été l'affaire des esclaves qui, en prime, étaient souvent maltraités. C'était... *normal.*

Et avant les esclaves? Les savants ne le savent pas trop. On dit (on dit tellement de choses...) que nos ancêtres du fond des temps avaient plutôt tendance à se la couler douce. Ce fut, dit-on, un *âge d'or.* Pas de surveillant en classe parce que pas de classe, pas de carte de *punch* parce que pas de *punch*, pas d'impôt, pas de TPS, pas de *boss,* juste un mammouth qui, de mauvaise humeur, grognait de temps en temps. Chacun chacune faisait sa petite affaire en paix : je ramasse des noix, tu vas à la pêche, je débite le zèbre pour le souper, tu frottes les petits cailloux pour allumer le feu... Tout appartient à tout le monde. Pas de clôture. Pas de serrure. Pas de propriété privée.

Mais ça fait bien longtemps... et on mourait très jeune.

Et c'était trop beau pour durer.

Un matin gris et probablement humide, quelques habitants ratoureux, plus forts (et probablement plus paresseux) que les autres, s'approprient des territoires. Tant qu'à y être, ils s'approprient aussi les femmes, les hommes et les enfants qui s'y trouvent et les forcent à exécuter tous les travaux nécessaires à la vie. Ils viennent, petit à petit, d'inventer les travaux forcés. L'esclavage.

De l'Égypte ancienne au Québec d'hier...

Comme d'une maladie presque incurable, l'humanité n'arrivera presque pas à se défaire de l'esclavage ! Exemples au hasard ou presque : il y a 5 000 ans (à peu près !...), le pharaon égyptien Khéops se fit élever, avec sept millions de tonnes de pierre, une pyramide-tombeau haute de 230 mètres. Plus haute que le Stade olympique ou que la Place Ville-Marie. À l'huile de bras, à l'aide d'ânes, de chameaux...

> *On comptait toujours, travaillant en chantier, cent mille ouvriers qu'on relayait tous les trois mois. Le peuple fut*

ainsi obligé d'abord, pendant dix ans, à construire la
chaussée par laquelle on amenait les pierres ; la pyramide
elle-même demanda vingt ans d'efforts[7].

Faisons un saut de quelques millénaires, jusqu'en l'an
500 av. J.-C. À cette époque, pour servir 50 000 Grecs, on
comptait, à Athènes, 100 000 esclaves[8]. Ce qui laissait
aux citoyennes et citoyens libres, ces inventeurs de rien de
moins que la démocratie avec un grand D, pas mal de
temps pour se livrer à des activités moins éreintantes : la
politique, la philosophie, les débats, les sports, les arts, les
gueuletons arrosés à l'ouzo !... Quant au travail manuel,
pas touche. Salissant et fatigant !... Du travail d'esclave,
quoi !

Le grand philosophe grec Aristote avait réglé la
question : *L'esclave est un outil vivant.* [...] *Il existe des*

7. Hérodote, 500 ans avant J.-C., le premier historien, appelé le *« père de
l'histoire »*, cité par Georges Lefranc, *Histoire du travail et des travailleurs*,
Paris, Flammarion, 1975, p. 42.
8. Chiffre approximatif. Certains auteurs donnent des chiffres beaucoup
plus considérables.

Nana et Robertopoulos à Athènes
(750 avant Jésus-Christ)

Nana et Robertopoulos, malgré le nom qu'ils portent, ne sont pas grecs du tout : ce sont des Phéniciens, prisonniers de guerre. Des esclaves.

Jeune mère de 20 ans, Nana a été kidnappée par un fantassin grec, après qu'il eut trucidé son nouveau-né et fendu son amoureux en deux d'un grand coup de sabre. Il attacha ensuite Nana à son char et l'amena de force à Athènes.

Depuis ce triste jour, vêtue de sa longue tunique, elle est nourrice dans la maison d'un grand philosophe grec, fait le ménage, cuisine le souvlaki, lave le linge et fait prendre son bain à sa maîtresse.

Pendant que les pauvres esclaves travaillent à sa place, le peuple grec libre se paie l'agréable loisir d'aller discuter politique sur la place publique. Ainsi rassemblé, le peuple prend les grandes décisions qui regardent la communauté, au lieu de laisser cette responsabilité à quelques puissants seigneurs. C'est comme ça que, prenant appui sur l'esclavage des autres, les « vrais » Grecs inventent tout doucement la… démocratie.

Quant à Nana, que son statut d'esclave prive de toute démocratie et souvent même de nourriture, elle profite de l'absence de ses maîtres pour pleurer en paix la mort de son enfant.

Or, un jour qu'elle pleurait en plein air, passa Robertopoulos. C'était un beau jeune homme, fort et musclé, portant une grosse barbe et de longs cheveux noirs emmêlés, mais à l'évidence très fatigué. Il boitait du pied gauche, à cause d'une blessure de guerre mal soignée. Il était affecté à la réparation du stade olympique d'Athènes où quelques années plus tôt, en 776 av. J.-C., avaient eu lieu les premiers Jeux. Mal conçu, le stade tombait en morceaux, ce qui soulevait la grogne populaire contre l'architecte.

Nana et Robertopoulos échangèrent un coup d'œil furtif, se reconnurent un petit air phénicien, et ce fut le coup de foudre! Dans les semaines qui suivirent, ils se rencontrèrent quelques fois, clandestinement. Mais ils étaient tellement épuisés qu'ils tombaient endormis, serrés l'un contre l'autre, aussitôt qu'ils se retrouvaient.

Ils moururent de chagrin et d'épuisement au début de la trentaine. Ils furent aussitôt remplacés par d'autres esclaves : il y en avait en masse.

hommes inférieurs [...] : *l'emploi de leur force corporelle est le meilleur parti qu'on puisse tirer de leur être ; ils sont nés pour être esclaves... Utile aux esclaves eux-mêmes, l'esclavage est* juste[9].

C'est bon à savoir…

Curieux, quand même, que la *démocratie* soit apparue en ces lieux…

Après l'Égypte et la Grèce, et alors que, dans ses arènes, sous les applaudissements frénétiques de l'empereur et de ses sujets, les lions offraient le grand *show* de la semaine en bouffant du chrétien cru, Rome, alors très esclavagiste, prit à son tour la tête du monde. Chez les premiers chrétiens, certains dénonceront l'esclavage, mais l'Église institutionnelle ne le condamnera officiellement qu'en… 1820.

---

9. Aristote, cité par Georges Lefranc, *op. cit.*, p. 67.

Entre-temps, les esclaves allaient *passer par là* ! Comme le disait un vieux politicien conservateur romain appelé Caton l'Ancien : *un esclave doit travailler ou dormir*[10] ! Bref : *pas de niaisage !*
Boulanger… un beau métier ? À cette époque-là, pas si sûr… :

> *Toute la peau sillonnée de traces livides par le fouet, le dos meurtri* [...] *Quelques-uns n'avaient qu'une étroite ceinture, mais tous se voyaient à nu à travers leurs haillons ; le front marqué, la tête demi-rasée, les pieds étreints d'un anneau de fer ; hideux de pâleur ; les paupières rongées par cette atmosphère de fumée et de vapeur obscure, si bien qu'ils gardaient à peine l'usage de leurs yeux*[11].

Qui sont donc ces esclaves mis aux travaux forcés ? Des prisonnières et autres captifs de guerre, des citoyennes déchues, des condamnés, des endettés incapables de rembourser, des enfants d'esclaves, des marins kidnappés en mer par des pirates… La couleur de peau n'a alors aucune importance : elle peut être indifféremment blanche, rose, brune ou jaune, peu importe.

Souvent, on s'en doute un peu, les esclaves en avaient *plein le casque* et se révoltaient ! Mais l'Histoire, en général, n'en parle pas beaucoup, préférant d'ordinaire parler de la vie chromée des rois et princesses, impératrices et dictateurs. Ce qui n'empêche pas que des rébellions eurent lieu, de multiples fois, en Égypte, en Grèce, à Rome, puis

---

10. Cette citation est reprise du site http://fr.wikipedia.org/wiki/Esclave, site remarquablement riche d'informations.
11. Apulée, *Métamorphoses, IX*, p. 198, cité par Georges Lefranc, *op. cit.*, p. 76.

plus tard dans les Amériques, partout où a sévi l'esclavage, comme en font foi quelques historiens curieux de la vie populaire[12].

Un exemple, particulièrement célèbre et célébré : en 73 avant Jésus-Christ, Spartacus prend la tête de milliers de travailleurs esclaves comme lui et défie les autorités romaines et leurs armées. Il périra avec au moins 6 000 de ses partisans, mais sa lutte résonnera loin et longtemps ! Le nom de Spartacus, le courageux rebelle, traversera plus de deux mille ans d'histoire avant d'atterrir à Hollywood et de faire accourir les foules ! Spartacus l'esclave, star mondiale de cinéma !...

... les Amériques « *indiennes* »...

Plus récemment (si l'on peut ainsi dire...), les explorateurs d'Europe découvraient les Amériques : au nord, le Canada et le Québec bien sûr, où c'était un peu frisquet... mais surtout les Caraïbes et le sud des États-Unis, le Brésil... avec des mines de cuivre et d'or... – *nous, Espagnols, nous souffrons d'une maladie de cœur dont l'or seul est le remède*[13] , disait Cortés, le conquistador du Mexique... – puis des cultures de canne à sucre, de coton, de tabac... et, enfin et surtout, des *Indiens*[14] à réduire en esclavage ! Et on ne lésinait pas sur les moyens d'y arriver : *Dès qu'on entrait dans les wigwams... il fallait jeter les torches sur les*

---

12. Voir, par exemple, Georges Lefranc, déjà cité, ou alors Howard Zinn et son *Histoire populaire des États-Unis*, dont il sera question plus loin.
13. Michel Beaud, *Histoire du capitalisme*, Paris, Le Seuil, 1981, p. 18.
14. On disait Indiens parce que les explorateurs croyaient avoir découvert les... Indes ! Depuis, pour corriger un peu cette grossière erreur, on emploie plutôt le mot Amérindiens...

couvertures dont ils se couvraient et mettre le feu aux wigwams. (…) Brutalité… massacres d'Indiens… par les Anglais… ou alors bains de sang et duplicité… de Christophe Colomb à Cortés[15]…

C'est par millions, par dizaines de millions[16] que les Indiens, au sud, furent décimés : épuisés par le travail sans repos au fond des mines, dans les champs sous des soleils de plomb, ou tués par les armes ou par l'une ou l'autre des maladies importées d'Europe par les colonisateurs.

L'esclavage : une définition

L'esclavage désigne la condition sociale de l'esclave, travailleur non libre et non rémunéré qui, au même titre qu'un objet, est juridiquement la propriété d'une autre personne. Au sens large, il désigne le système social reposant sur cette pratique.

Les esclaves sont tenus d'obéir à tous les ordres de leur maître depuis leur naissance (ou capture, ou passage à l'état d'esclave) jusqu'à leur mort (ou parfois leur libération, ou affranchissement).

En tant que propriété, l'esclave peut faire l'objet des transferts inhérents à la notion de propriété : on peut donc l'acheter, le vendre, et même le louer[17].

Définition plus courte, en deux mots lourds : sans droits ni libertés, l'esclave est un *mort social*.

---

15. Howard Zinn, *Histoire populaire des États-Unis, de 1492 à nos jours*, Marseille, Lux-Agone, 2002, p. 21 et 23.
16. En 1974, l'anthropologue Pierre Clastres, dans *La société contre l'État*, (Paris, Minuit, p. 86), parlait d'une dépopulation atteignant les 80 si ce n'est les 100 millions d'Indiens.
17. Voir http://fr.wikipedia.org/wiki/Esclave

… et l'interminable traite des gens de couleur

Un pas de plus dans l'esclavage : la traite. Réduire une personne en esclavage, posséder, vendre ou louer un esclave est une chose. Mais transporter, d'un bout du monde à l'autre, une personne que l'on a achetée, c'est une tout autre paire de manches. Ce seront les peuples noirs d'Afrique qui en feront les frais. Et quels frais !

L'histoire commence vers la fin des années 600. À cette époque, en Arabie, le prophète Mahomet, à l'origine de l'islam, interdit aux musulmans de réduire en esclavage d'autres musulmans : des chrétiens ou des païens, oui, mais des musulmans, non ! (Quelques siècles plus tard, saint Augustin et saint Thomas d'Aquin diront la même chose, mais à l'envers : des païens ou des musulmans, oui, mais des chrétiens esclaves, non !)

Alors, où trouver des esclaves non musulmans pas trop loin ? En Afrique noire[18] ! On ira donc les kidnapper

---

18. Il est intéressant de noter que ce n'est pas parce qu'ils avaient la peau foncée que tant d'Africains sont alors devenus esclaves, mais bien parce qu'ils n'étaient pas musulmans et étaient, malheureusement pour eux, voisins de l'Arabie. Plus tard, en Amérique notamment, en raison de leur présence nombreuse, en tant qu'esclaves, les Africains à la peau foncée furent l'objet de mépris, non pas parce que de peau noire, mais parce qu'esclaves et, à ce titre, analphabètes, pauvres, etc. Ce mépris se transforma rapidement en racisme, les racistes associant couleur de peau foncée et infériorité. Le racisme, on le voit, est une construction de Blancs ignares…

ou les acheter en Afrique voisine, on les ramènera en
Arabie ou alors, après les avoir forcés à traverser le désert
du Sahara… à pied, on les vendra aux musulmans
d'Afrique du Nord et de là, petit à petit, aux chrétiens portugais, espagnols, anglais, français… qui y prirent goût…

La traite des Noirs allait bon train depuis quelques
siècles dans ces régions du monde quand, au XVIe siècle,
voilà que, sous le fouet mortel des colonisateurs, la main-
d'œuvre dite indienne vint à manquer dans les Amériques.
Par qui la remplacer? Par du «*bois d'ébène*», autrement dit
par de la main-d'œuvre noire africaine, considérée comme
«*biens meubles*» par le Code noir de Louis XIV. Des biens
que, comble d'inhumanité, l'on vendait même au… poids!
Par exemple: *Dix tonnes de nègres*[19]… Ou alors selon le
volume, en comparaison avec l'*Indien* moyen, appelé *pièce
d'Inde*[20], et devenu étalon de grandeur, de taille, de hau-
teur, etc. On parlait alors de *pièce d'Inde*, de demi ou de
quart de *pièce d'Inde*.

Des négriers portugais, espagnols, anglais, français,
hollandais… transporteront ainsi, pendant plus de 200 ans,
des milliers d'esclaves vers les terres nouvellement coloni-
sées des Amériques fraîchement découvertes:

> *Ils étaient entassés sur les navires, dans des espaces à peine
> plus grands que des cercueils, et enchaînés les uns aux autres
> dans la fange humide et noire des cales, suffoquant dans
> l'odeur de leurs propres excréments. Certains documents de
> l'époque décrivent précisément ces conditions:* «Parfois,
> l'espace entre chaque pont ne dépassait pas cinquante

---

19. Joseph Ki-Zerbo, *Histoire de l'Afrique noire*, Paris, Hatier, 1978.
20. Olivier Pétré-Grenouilleau, *Les Traites négrières*, Paris, Gallimard, 2004,
    p. 103.

centimètres. Ainsi, ces êtres misérables ne pouvaient-
ils pas se retourner, ou même se mettre sur le côté, cet
espace étant bien souvent moins large que leurs
épaules. Dans cet endroit, ils sont d'ordinaire enchaînés
au pont par le cou et par les jambes, et le sentiment de
détresse et d'étouffement est alors tel que les nègres
[…] en deviennent fous. » […] *Dans de telles conditions,
un tiers environ des Noirs transportés outre-Atlantique
mouraient. Mais le profit était tel (bien souvent le double
de l'investissement de départ en un seul voyage) que le
trafic demeurait rentable pour les négriers*[21].

Certains historiens soutiennent même que 90 % des
esclaves mouraient avant d'avoir mis le pied en Amérique. De toute manière, leur durée de vie moyenne, une
fois arrivés, était de cinq ou six ans.

Au fil des siècles, les esclaves noirs auront mis au
monde et bâti l'économie des Amériques en creusant les
mines d'or du Brésil, en plantant et en récoltant le coton
et le tabac aux États-Unis, en multipliant les champs de
canne à sucre dans les Caraïbes. En outre, les femmes
esclaves auront plus particulièrement soigné leurs maîtres
et maîtresses, les auront entretenus, servis à tous égards, y
compris jusque, souvent, dans leur lit.

Et en prime, gratuitement comme pour tout le reste,
ils auront réussi, du fond de leur misère et malgré leur
analphabétisme obligé, à réinventer la musique : ne dispo-
sant de rien, ils ont véritablement créé de toutes pièces
(*créer : produire à partir de rien*) des instruments nouveaux
et, à partir d'eux, des musiques révolutionnaires que l'on

---

21. Howard Zinn, *op. cit.*, p. 37-38.

entend depuis aux quatre coins de la planète et qui ont pour noms blues, gospel, jazz…

Cela dit, de toutes les révoltes d'esclaves, noirs en l'occurrence, la plus célèbre demeure celle qui éclata en 1791 dans l'île Hispaniola (Haïti et Saint-Domingue), colonie française : Napoléon et son armée furent boutés hors de l'île par les troupes d'esclaves rebelles sous le commandement de Dessalines. En 1804, Haïti, première république noire du monde, proclamait son indépendance, la deuxième dans les Amériques, après les États-Unis. L'indépendance de la république de Haïti allait déclencher, dans toute l'Amérique latine, une succession de proclamations d'indépendance nationale.

« Nos » esclaves

Et au Québec ? Ben oui !…

Combien ? Minimum 4 185, *depuis la deuxième moitié du XVIIᵉ siècle jusqu'à l'abolition de l'esclavage*[22], selon l'historien Marcel Trudel. De ce nombre, 2 683 étaient des Amérindiens, des femmes surtout, 1 443 étaient des Noirs, en majorité des hommes et 59 n'ont pas été identifiés.

Ces esclaves, on les retrouve chez les seigneurs, les autorités politiques, dans les communautés religieuses… comme domestiques, jardinières, bûcherons, cuisinières, défricheurs et laboureurs, bref, personnes à tout faire.

---

22. Marcel Trudel, *Deux siècles d'esclavage au Québec*, Montréal, HMH, Cahiers du Québec, coll. Histoire, 2004. Trudel fixe à 1834 l'abolition de l'esclavage au Canada. Selon Dorothy W. Williams (*Les Noirs à Montréal*, Montréal, VLB éditeur, 1998), il faut plutôt parler, tout au moins au Bas-Canada, de 1820. Selon Williams, une pétition contre l'esclavage avait été présentée au Parlement du Bas-Canada, en 1801, par Louis-Joseph Papineau.

Les Amérindiens[23], toutefois, n'étaient pas de «*bons*» esclaves : comme l'environnement forestier nord-américain leur était familier, ils pouvaient facilement fuir. Alors Louis XIV, en 1689, permit à la Nouvelle-France de *faire venir des nègres pour les employer à la culture des terres et aux défrichements.* Quelques colons particulièrement cossus se mirent aussitôt à rêver de voir un jour accoster un négrier à Québec, en provenance directement d'Afrique, mais en vain. Trop loin, trop cher.

On acheta donc les esclaves noirs aux Antilles ou en Louisiane, plus près du Canada, et à un prix deux fois plus élevé que l'esclave amérindien trop peu fiable ! En conséquence, les esclaves noirs sont alors *considérés comme des propriétés de valeur : ils sont symboles de prestige social pour leurs propriétaires*[24]. On les utilise donc le plus souvent à l'intérieur des maisons, comme domestiques, confiant les travaux extérieurs aux Amérindiens.

Moins durement traités, moins violentés qu'au Sud, *nos* esclaves, femmes et hommes, n'en demeurèrent pas moins des esclaves ! Vendus et achetés, parfois échangés contre une vache ou un cheval, et sévèrement, très sévèrement punis à la moindre incartade.

Marie-Josèphe Angélique, l'incendiaire ?...

Le cas le plus célèbre est celui de l'esclave noire Marie-Josèphe Angélique qui, en 1734, se prit d'un irrésistible

---

23. Les esclaves amérindiens étaient issus de tribus ennemies : les colons français ne voulaient évidemment pas réduire en esclavage des Amérindiens issus de tribus alliées...
24. Williams, *op. cit.*, p. 26.

amour pour Claude Thibault, un Blanc. Extrêmement osé!... Au même moment, croit Angélique, sa maîtresse décide de la vendre aux Antilles, la séparant ainsi à jamais de son amoureux.

Alors elle décide de fuir, avec son amant, vers la Nouvelle-Angleterre et, pour couvrir sa fuite, de mettre le feu à la maison de sa maîtresse. Hélas! le vent se lève, souffle et... 46 maisons, y compris l'Hôtel-Dieu, le couvent et l'église, sont réduites en cendres!

Arrêtée aussitôt, l'esclave Marie-Josèphe Angélique est condamnée à...

> *faire amende honorable nue en chemise, la corde au cou, tenant en ses mains une torche ardente du poids de deux livres au-devant de la principale porte et entrée de l'église paroissiale de la ville de Montréal, où elle sera menée et conduite par l'exécuteur de la haute justice dans un tombereau servant à enlever les immondices, ayant écriteau devant et derrière avec le mot incendiaire et là nu-tête et à genoux déclarer que méchamment elle a mis le feu et causé ledit incendie dont elle se repent et en demande pardon à Dieu, au roi et à la justice. Cela fait, avoir le poing coupé sur un poteau qui sera planté au-devant de ladite église, après quoi sera menée par ledit exécuteur dans le tombereau à la place publique pour y être attachée à un poteau avec une chaîne en fer et brûlée vive. Son corps réduit en cendres et icelle jetées au vent[25].*

La mise à mort sera un peu *adoucie*: on la conduira bel et bien à la potence dans une charrette à vidanges et on la pendra haut et court le 21 juin 1734, en public, mais pour la brûler, on attendra qu'elle soit morte!...

---

25. Marcel Trudel, *op. cit.*, p. 220-221.

Claude Thibault, l'amant, s'en tirera. Après tout, il n'y avait contre lui que *quelque liaison de débauche avec cette Négresse*.

L'ennui, c'est qu'il n'y avait aucune preuve sérieuse contre elle, sinon qu'elle avait avoué... sous la torture[26]. Mais surtout, ce qui n'arrangeait rien pour elle, *Marie-Josèphe-Angélique était à la fois gaie et colérique, taquine, brusque, affable, opiniâtre et surtout indépendante; des qualités que les propriétaires d'esclaves n'appréciaient guère*[27].

À l'époque, faut dire qu'on avait la pendaison facile, quand l'accusé était esclave! Ainsi, exemple parmi d'autres, la Montagnaise Marianne pendue pour... vol, en 1756. Les récits de ce genre, horrifiants, tout au moins sous notre regard d'aujourd'hui, sont nombreux, et le passage du régime français au régime anglais, en 1760, n'améliorera pas les choses, bien au contraire: *Après la Conquête et l'entrée en vigueur de lois et d'institutions britanniques au Bas-Canada (Québec), l'esclavage prit un nouvel essor et obtint une plus grande reconnaissance juridique*[28].

Ainsi, le Noir Josiah Cutan sera-t-il lui aussi pendu, pour vol avec effraction, en 1791, une date historique: *l'histoire de la potence dans le Haut-Canada* (l'Ontario d'aujourd'hui) *s'ouvre sur un esclave noir*, note Trudel l'historien; d'autres furent expédiés aux galères; d'autres encore aux Antilles...

Durée de vie moyenne des esclaves au Québec: 25,2 ans pour les Noirs et 17,7 ans pour les Amérindiens, note Trudel.

---

26. Voir www.mysterescanadiens.ca
27. Denyse Beaugrand-Champagne, *Le procès de Marie-Josèphe-Angélique*, Montréal, Libre Expression, 2004, p. 259.
28. Williams, *op. cit.*, p. 27.

Le servage : de l'esclavage *light*

Bien malin, de toute façon, celui qui pourrait fournir le chiffre exact des esclaves noirs vendus partout dans le monde sur une période de près de 1 300 ans, et ce, dans des conditions de clandestinité généralisées ! Le chiffre total ne peut être qu'astronomique : 40... 50... sinon même 100 millions ?... Allez savoir ! Les historiens ne cessent de se chamailler à ce sujet[29].

Horrifiant, l'esclavage aura été une vraie teigne ! Long à extirper. Et petit morceau par petit morceau. D'abord, interdiction de la traite puis, plus tard seulement, interdiction de l'esclavage comme tel... Au total, l'opération s'étirera sur quasi 200 ans : le Danemark a ouvert le bal en 1803, suivi par l'Angleterre en 1833, où le mouvement abolitionniste prit vraiment son envol, le Canada en 1834, la France en 1848, les États-Unis vers 1866, jusqu'à, enfin, la Mauritanie en... 1980 ! Et, paraît-il, ça ne serait pas vraiment fini dans les arrière-cuisines de maisons bourgeoises d'Europe et d'Amérique, et même, chuchote-t-on, du Québec.

Lentement, au début du Moyen Âge, en Europe, une nouvelle forme de travail prend lentement forme, le servage. Les serfs et serves sont d'ordinaire au service total et exclusif de leurs maîtres. Ils ont charge de faire fructifier le

---

29. Tout à la fois honoré et contesté, l'historien français Olivier Pétré-Grenouilleau, dans ses *Traites négrières* (Paris, Gallimard, 2004) et dans des entrevues, parle de 17 millions (12 millions selon l'UNESCO) d'esclaves vendus par les Arabes et de 11 millions (15 à 18 millions selon l'UNESCO) amenés de force en Amérique. Par contre, l'historien Joseph Ki-Zerbo, du Burkina Faso, dans son *Histoire de l'Afrique noire* (Paris, Hatier, 1978) parlera d'un total de plus de 50 millions... Le chiffre de 100 millions est aussi parfois évoqué...

sol, de cultiver les champs, de construire, de cuisiner, de servir à tout ce qui permettait au maître de prospérer, le maître étant un seigneur, un baron, un duc ou alors un évêque, un cardinal... Une marge minime de liberté leur est cependant accordée, y compris celle, par exemple, de se marier, de cultiver un petit lopin, d'accumuler quelques biens et d'en disposer. En général, toutefois, à la mort du serf, les biens reviennent au seigneur.

Le serf n'était donc pas le frère jumeau de l'esclave, mais son cousin un peu amélioré! Une manière d'esclavage *light!* Il avait franchi un pas de plus, petit mais réel, vers la libération... lente: en 1800, bien après le Moyen Âge, en Écosse, *les ouvriers des mines de houille sont des serfs, attachés à la mine, vendus avec elle et portant un collier où était gravé le nom du propriétaire*[30].

---

30. Michel Beaud, *op. cit.*, p. 93.

CHAPITRE 2

DES CATHÉDRALES AUX *FILLES DU ROY*,
DES MANUFACTURES AUX PLAINES D'ABRAHAM...

> *La légèreté, l'aversion d'un travail assidu*
> *et réglé et l'esprit d'indépendance* [...]
> *ont empêché la colonie de se peupler. Ce*
> *sont les défauts qu'on reproche le plus aux*
> *Français canadiens. C'est aussi celui des*
> *Sauvages. On dirait que l'air qu'on res-*
> *pire dans ce vaste continent y contribue.*
>
> L'esprit d'indépendance devra pour-
> tant s'accommoder de la Conquête[31]!

Hier comme aujourd'hui, il fallait bien manger, se vêtir, se loger! Or, les seigneurs...

(Ppssiitt... on est ici dans les années 1100, 1200, 1300, bref, au Moyen Âge, en France. Pour l'instant, le Québec et le Canada sont encore dans les limbes, mais

---

31. Jacques Lacoursière, Jean Provencher et Denis Vaugeois, *Canada-Québec 1534-2000*, citation du père Pierre-François-Xavier Charlevoix, Sillery, Septentrion, 2001, p. 152.

quand ils finiront par apparaître sur la mappemonde, ils s'inscriront forcément dans la suite logique de l'histoire… D'où l'importance de savoir d'où venaient les explorateurs qui, comme on le verra bientôt, débarquèrent un jour à Gaspé avec une croix, une fleur de lys et… quelques arquebuses!)

… les seigneurs, donc, qui n'étaient pas nécessairement des bienfaiteurs de l'humanité, ne pouvaient absorber et entretenir toute la main-d'œuvre esclave et serve disponible. Alors, comme la nécessité crée l'organe, esclaves, serfs et serves d'hier se transformèrent petit à petit en ouvrières et ouvriers indépendants. Ils étaient tailleurs de pierre, brodeuses, maçons, tisserandes… et offraient leurs services à titre d'artisanes et artisans libres. Et ils travaillaient sur commande, contre rémunération.

Pour éviter une concurrence déloyale, autrement dit pour éviter que le premier venu s'autoproclame, un beau matin, compétent dans tel ou tel métier, ils décidèrent de se protéger en créant des *corporations*. Ces *corporations* établirent des règles de pratique pour chacun des métiers. Ne pratiquait donc pas le métier qui le voulait. Ni n'importe comment. Fallait d'abord se faire accepter comme *apprenti* dans l'atelier d'un *maître*. Après quatre, huit, dix, douze, parfois même quatorze ans de travail auprès du *maître*, l'*apprenti* devenait enfin *compagnon*, donc obtenait ce qu'on appellerait sans doute aujourd'hui sa carte de compétence. Et après seulement, plus tard et pas toujours, il pouvait devenir *maître*!

Pourquoi un si long apprentissage? Pas fous, les *maîtres*: ils ne voulaient pas engendrer eux-mêmes leur propre concurrence, en mettant en marché trop de *compagnons* capables de travailler aussi bien qu'eux!…

Eux, mais aussi *elles.* Les *corporations* seront majoritairement masculines, mais certaines seront mixtes et certaines autres, féminines. Des artisanes seront dentellières et chapelières, mais aussi maçonnes, plâtrières, tonnelières, charretières. S'agissait-il d'exceptions, dans ces métiers *masculins*? Il semble que non: *Beaucoup de professions sont exercées par des hommes et des femmes*[32].

D'*apprenties,* elles pouvaient devenir *compagnonnes,* mais rarement *maîtresses,* sauf dans les *corporations* féminines: tisserandes de soie, chapelières, peigneuses de soie, de laine, cardeuses, etc., des emplois qui, au féminin comme au masculin, exigeaient de toute façon des journées de 12 ou 14 heures...

Ce sont ces artisanes et ces artisans qui, enfin, grâce à une œuvre extraordinairement spectaculaire, allaient donner une fois pour toutes au travail manuel ses lettres de noblesse, établir l'incontestable preuve de sa grandeur et forcer l'admiration béate des riches qui, hier encore, les regardaient de haut avec un brin de mépris au coin de l'œil.

Le temps des cathédrales

Que je vous raconte: l'Église catholique, au Moyen Âge, est triomphante, puissante et dominatrice. Elle rêve d'élever de splendides cathédrales, hautes et vastes, toutes de pierres et de vitraux aux couleurs riches, assez fortes pour traverser les siècles des siècles, mais assez légères pour que l'esprit n'y soit pas écrasé. Pour y arriver, elle n'a

---

32. Gilette Ziegler, *Les femmes et le travail, du Moyen Âge à nos jours,* Paris, Éditions de la Courtille, 1975, p. 29.

pas le choix, elle doit absolument faire appel à ces gens humbles qui, dans leurs ateliers, détiennent en exclusivité des compétences particulières inventées par eux pour travailler le métal, la pierre et les tissus les plus fins. Le résultat de leurs travaux dépassera les espérances les plus audacieuses : les cathédrales seront de purs chefs-d'œuvre !

Éblouis par le génie de ces artisanes et de ces artisans capables de tailler la pierre, de fondre les métaux, de sculpter les bois les plus précieux, de couvrir les prêtres, évêques et cardinaux des vêtements sacerdotaux les plus fastueux, d'élever vers le ciel des structures géantes, effilées et extraordinairement solides, véritables défis au temps, les maîtres de l'Église ouvrirent enfin les yeux. Ils comprirent alors, et comme jamais auparavant, que le travail manuel, loin d'être dégradant comme on l'avait cru si longtemps, était non seulement utile et nécessaire, mais exigeait aussi une habileté extraordinaire, beaucoup de savoir-faire, une intelligence supérieure, de la créativité et le sens de l'art. Grâce aux artisans, hommes et femmes, le travail acquérait enfin ses titres de noblesse.

Anne et Robert en France
(Paris, 1475)

Franchement, Anne et Robert sont de mœurs un peu fofolles.

La belle Anne, le teint rose, l'œil coquin et la cuisse légère, est serveuse à la taverne du *Chat qui jappe* que fréquente, très assidûment, le jeune Robert, beau bonhomme un peu poète, flâneur et troubadour, terriblement chanteur de pomme.

Pour boire sa chope de bière, Robert dispose de deux moyens: ou bien il fait de l'œil à Anne qui lui refile le liquide gratis, ou bien il récite des poèmes et chante des chansons, contre quelque aumône, aux tables des artisans qui, leur travail terminé, vien-

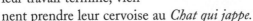

nent prendre leur cervoise au *Chat qui jappe*.

Mais... les parents d'Anne voudraient qu'elle quitte son travail et se marie enfin! Sa mère n'arrête pas de lui crier par la tête: *Je te demande pas d'être comme la Jeanne d'Arc qui s'est fait brûler vive dans ses habits d'homme, mais je te voudrais un peu moins friponne, va!...* Et Anne répond toujours: *Oui, m'man. Tu me l'as déjà dit.*

Quant aux parents de Robert, ils voudraient bien qu'il cesse de traîner dans les tavernes, qu'il étudie et devienne artisan verrier. Et son père lui dit tout le temps: *Ta vie, c'est pas une vie, ça!...* et il n'arrête pas de lui jeter au visage la triste histoire du poète-voleur François Villon qui, sorti de prison et exilé, répétait sans cesse à tous les jeunes qu'il croisait – il en était même devenu achalant – la phrase qui le rendra célèbre dans les siècles des siècles : *Ah!... si j'eusse étudié au temps de ma jeunesse folle.*

La fin de l'histoire est bien ordinaire : Anne tomba enceinte, quitta le *Chat qui jappe* et épousa Robert qui étudia d'abord, à titre d'apprenti puis de compagnon d'un artisan, avant de devenir lui-même un véritable artisan verrier, spécialiste des églises et des monastères, un modèle pour les générations d'artisans à venir.

Ils vécurent heureux, dans la piété et la simplicité, et eurent de nombreux enfants.

De l'atelier à la manufacture

Pour répondre à une grosse commande, un petit atelier ne suffit pas : une tisserande ne pouvait donc pas, à elle seule, fabriquer, disons, en trois jours... cent paires de draps avec broderies !

Les donneurs d'ouvrage, par contre, ne voulaient pas perdre leur temps à courir d'un coin de la ville à l'autre pour partager le travail à faire entre dix ou douze ateliers. Alors apparut l'inévitable intermédiaire qui, acceptant la commande du donneur d'ouvrage, se chargeait, lui, moyennant paiement, d'associer le nombre d'ateliers requis pour remplir la commande et la livrer à la date convenue. C'était, d'une certaine façon, inventer la manufacture en pièces détachées, chacun des ateliers fournissant son équipement et son personnel pour remplir sa partie de la commande.

Par la suite, de fil en aiguille, on en arrivera à dresser de vastes bâtiments consacrés exclusivement au travail

manufacturier. Les personnes qu'on y embauchera, toutefois, perdront le contrôle tant sur les équipements que sur
leur rythme du travail : la « *vraie* » manufacture était ainsi
née. Et ce n'était pas nécessairement une bonne nouvelle :
les conditions de travail, dans ces bâtiments malsains,
étaient le plus souvent insupportables, et les salaires, misérables, comme en fait foi, rapporte Georges Lefranc, cette
complainte triste que chantaient les tisserandes flamandes :

> *Toujours tisserons drap de soie.*
> *Jamais n'en serons mieux vêtues,*
> *Toujours serons pauvres et nues*
> *Et toujours aurons faim et soif*
> *Nous avons du pain à grand'peine,*
> *Peu le matin et le soir moins...*
> *Mais notre travail enrichit*
> *Celui pour qui nous travaillons*

En France, par décision royale, le travail devint même
obligatoire pour plusieurs catégories de pauvres :

> *C'est le brutal apprentissage de la discipline manufactu-
> rière. Les mendiants, enfermés dans les hôpitaux, doivent
> apprendre un métier ; les oisifs, les filles célibataires, les per-
> sonnels des couvents peuvent être contraints de travailler
> aux manufactures ; les enfants doivent aller en apprentis-
> sage. [...] La messe en début de journée, le silence ou des
> cantiques pendant le travail ; les amendes, le fouet ou le
> carcan en cas de faute ; la journée de douze à seize heures ;
> les bas salaires ; la menace de la prison en cas de rébellion*[33].

---

33. Michel Beaud, *op. cit.*, p. 51.

« Les moutons mangeaient les humains… »

Ce ne sera guère plus rose en Angleterre, elle aussi gagnée par la fièvre manufacturière : au XVᵉ siècle, c'est dans la tragédie que s'achèvera la période que les historiens anglais qualifieront plus tard d'*âge d'or des paysans anglais*.

À cette époque, pour répondre à une demande croissante et très lucrative, les manufacturiers anglais de tissu se mirent à exiger de la laine. Beaucoup de laine. Toujours plus de laine. Or, comme les paysans consacraient à la culture l'essentiel des lopins de terre qui leur étaient attribués, ils ne pouvaient leur fournir toute la laine demandée. Alors, les grands propriétaires terriens, avides de profits, clôturèrent leurs immenses domaines, en expulsèrent les paysans et y parquèrent des moutons ! Beaucoup de moutons. Le plus de moutons possible ! Avec un simple

gardien. Depuis, on a retenu le mot *enclosures* pour identifier cette triste et bien peu glorieuse époque.

Jetés brutalement au chemin par dizaines de milliers, les paysans et leurs familles devinrent forcément vagabonds, mendiants, voleurs... Le grand Thomas More[34] pleura sur cette époque où, se lamentait-il, *les moutons mangeaient les humains.*

Dépossédés de tout, plusieurs paysannes et paysans se retrouvèrent dans les manufactures. S'y retrouvèrent aussi, faute de mieux, des artisanes et des artisans indépendants qui avaient perdu leurs clients aux mains et au profit des grandes manufactures qui raflaient désormais la majorité des commandes.

En Angleterre comme en France, un premier pas – et ce ne serait pas le dernier – était fait vers ce que, beaucoup plus tard, Karl Marx appellera le prolétariat : dépossédés de leurs outils et de tout contrôle sur leurs conditions de travail, les artisans libres d'hier étaient désormais contraints de vendre leur force de travail et leur savoir contre une pitance d'ailleurs insuffisante pour se loger, se vêtir et manger.

Les révoltes n'allaient pas cesser de gronder, comme nous le verrons plus loin !

Mais pendant ce temps, à des milliers de kilomètres de là, en Amérique du Nord, la *Grande Hermine*, la *Petite*

---

34. Thomas More est surtout connu comme l'auteur de *L'Utopie*, Paris, Éditions sociales, coll. Les classiques du peuple, 1976. Écrite en 1516, cette œuvre décrit le fonctionnement d'un pays qu'il a inventé et appelé Utopie. Les habitants de ce pays, les Utopiennes et les Utopiens, vivent heureux, dans la paix, l'égalité, la justice et la démocratie, comme un esprit aussi progressiste et inventif que More pouvait l'imaginer en son temps. Né en 1478, More fut décapité en 1535, après avoir connu une carrière de juriste et de grand conseiller d'État. Il fut condamné à mort par le roi Henri VIII pour s'être opposé à son divorce. Catholique, il fut canonisé en 1935, 400 ans après sa mort.

Hermine et l'*Émérillon,* toutes voiles déployées, s'avançaient lentement dans la paisible baie de Gaspé dont l'air salin était joliment plus revigorant que l'air des manufactures! Stimulé par un Jacques Cartier appuyé au bastingage, l'œil vif du découvreur scrutant l'horizon, l'esprit des 110 hommes d'équipage de la flotte était à la découverte!

Filles du roy et coureurs des bois, fourrures et faux diamants

Jacques Cartier était un privilégié: le destin l'avait fait naître pour le grand large, les vastes océans, les espaces infinis et les découvertes historiques.

Toutefois, quand il s'est pointé le nez dans la baie de Gaspé, en 1534, croyant découvrir le Canada, il ne découvrait rien du tout: environ 220 000 *sauvages,* femmes, hommes et enfants, y vivaient déjà et avaient découvert l'Amérique bien avant lui! Ils en connaissaient les lacs, les chemins de bois et les rivières, les plantes qui guérissaient le scorbut et tant d'autres maladies. Pour tout dire, ils *connaissaient le tabac,* au propre et au figuré! Leurs ancêtres étaient même arrivés ici 10 000 ou 11 000 ans plus tôt, en provenance d'Asie en passant par le détroit de Béring, disent les spécialistes. *Allo découvreur!...* durent-ils penser en voyant Cartier planter sa croix à Penouille.

Appartenant à diverses nations, ces autochtones s'adonnaient à la pêche et à la chasse pour manger et se vêtir, commerçaient entre eux, faisaient des fêtes, célébraient leurs dieux et, comme il se doit entre toutes les nations du monde, se faisaient la guerre de temps en temps. Et comme aux Européens et Africains du temps, il leur arrivait de transformer leurs prisonniers en esclaves.

De les mettre à l'ouvrage, de les utiliser à toutes sortes de fins, y compris comme monnaie d'échange ou comme cadeaux, ou alors parfois de les adopter tout simplement, s'ils les trouvaient sympathiques...

Cartier, qu'absolument personne n'avait invité, fut bien reçu au Canada. Tellement, qu'il put ramener avec lui, en France, le chef Donnacona et une dizaine d'Iroquois, question de faire voir au roi de *vrais sauvages* et de les exposer au regard de la cour !

Hélas ! tous ne revinrent pas au Canada. Le chef Donnacona mourut en France. À son voyage suivant, Cartier dut se tenir le corps raide et les oreilles molles en racontant quelques menteries aux Iroquois qui attendaient le retour de Donnacona. Tout cela ne fut pas de nature à les rassurer.

Cela dit, Cartier était très fier de lui quand il se présenta devant le roi pour rendre compte de ses voyages. Il lui annonça qu'il avait découvert des bancs de poissons fabuleux, des fourrures en abondance et même des mines d'or et de diamants ! Puis, il étala devant les yeux éblouis du roi des pépites d'or, tout en faisant rouler de gros et scintillants diamants sur le royal tapis !... Hélas ! il dut s'en mordre les pouces : l'or n'était que de la pyrite de fer et les diamants, que du... mica ! Ce qui donna naissance à l'expression *faux comme un diamant du Canada*[35] !

Quant aux fourrures et aux bancs de poissons, par contre, c'était absolument vrai : c'est sur le castor et la morue qu'on allait tenter d'asseoir l'économie naissante de la Nouvelle-France.

---

35. *Canada-Québec 1534-2000, op. cit.*, p. 29. Note : De cet ouvrage sont tirés les principaux renseignements relatifs à l'époque de la Nouvelle-France.

Les bancs de morue attirèrent dans nos eaux, et jusqu'à récemment, des milliers de bateaux de pêche de France d'abord, puis d'Espagne, du Portugal et plus tard de Russie...

Pour ce qui est des fourrures, on les acquérait des Indiens. Pour ce faire, on misait sur les coureurs des bois – beau métier de liberté s'il en fut jamais... – que les missionnaires accusaient de courir aussi, et un peu trop, la galipote : libres, sans surveillants ni patrons à leurs trousses, ils pénétraient les forêts, se liaient d'amitié avec les Amérindiens, achetaient des fourrures, faisaient souvent du trafic d'armes et d'alcool et flirtaient avec les Amérindiennes, ce qui était alors mal vu par les autorités de la colonie. Toutefois, cela n'en permit pas moins, heureusement, de créer des liens entre les nations amérindiennes et la colonie.

À la fondation de Québec, il y a maintenant 400 ans...

« Tiens ! Encore du vieux !... »

Comment dis-tu ?.... 400 ans, c'est vieux ?.... Très vieux même ?

J'ai des petites nouvelles pour toi : 400 ans, c'est hier !

Suis-moi : j'imagine que ton père, ou ta mère, a 50 ans. Calcule : juste huit fois ton père ou ta mère, et te voilà dans le berceau de la ville de Québec, ou de Stadacona si tu aimes mieux, capitale de la Nouvelle-France !

Ton arrière-grand-mère a 85 ou 90 ans ? Alors elle se rappelle personnellement de l'interminable premier vol transatlantique, en aéroplane comme on disait à l'époque, de Charles Lindbergh !

Puis toi, tu as 20 ans… 22 peut-être? Je peux te dire que, vérification scientifique à l'appui, six fois ton âge, puis tu assistes successivement à l'invention de l'automobile, de la radio, de l'avion, du pain tranché, de la télévision, de la poupée Barbie, des ordinateurs, de Céline Dion, d'Internet, du rap et du hiphop!

Le temps est un train qui roule vite!

… Champlain était entouré d'à peine une trentaine de colons français. Soixante ans plus tard, en 1665, ils n'étaient encore, en Nouvelle-France, que 3 215 colons et, à la veille de la défaite aux mains des Anglais, en 1760, à peine seront-ils 55 000…

Faut bien le dire: les Français, qui n'étaient pas fous, n'étaient pas tellement titillés par cette Nouvelle-France congelée six mois par année. Ils étaient plus tentés, et comment!, par les palmiers, les mers chaudes, les vents tièdes, les richesses et la douceur des pays ensoleillés du sud. Mais comme la France voulait quand même garder ce territoire nordique, elle eut l'idée géniale de convertir et d'instruire la population amérindienne pour ainsi, *abracadabra abracadabra*, la transformer en population française!

Ça n'a pas marché… même si quelques missionnaires étaient très admiratifs devant les autochtones, comme ce père François Du Perron qui écrivait, à leur sujet: *Ils ont quasi tous plus d'esprit en leurs affaires, discours, gentillesses, rencontres, souplesses et subtilités, que les plus aisés bourgeois et marchands de France*[36]. Cette appréciation sympathique, toutefois, n'était sans doute ni réciproque ni généralisée. L'objectif de changer les autochtones en Françaises et en Français fit long feu. De toute manière, plein de bonne volonté ou non, un envahisseur, français ou non, demeure un envahisseur. Surtout s'il est armé.

D'ailleurs, aujourd'hui, quatre siècles plus tard, les liens avec les autochtones demeurent encore fragiles. À elle seule, l'existence des *réserves amérindiennes*, manière honteuse d'apartheid nordique, est un bien mauvais témoignage…

L'impérieuse et première nécessité, en Nouvelle-France, était donc de trouver un moyen efficace de peupler la colonie. Or, pour peupler la colonie et pour qu'elle se reproduise elle-même, il faut du monde! Et préférablement du monde des deux sexes. Or, en Nouvelle-France, à part les religieuses, il y avait peu de femmes célibataires, puisque les métiers de coureur des bois, de pêcheur et de trafiquant de fourrure n'étaient pas des métiers particulièrement féminins… Bref, pour la natalité, ça n'allait pas fort-fort, en Nouvelle-France!

Alors, de Paris, Louis XIV, l'impétueux Roi-Soleil, le grand chef des colons, décida du haut de ses 27 ans de mettre ses *sujettes à l'ouvrage!* Il offrit donc aux jeunes Françaises célibataires, orphelines, aventureuses et…

… pauvres, qu'on appellera plus tard les *filles du roy*, un beau voyage en bateau à voiles vers la Nouvelle-France. Gratis. Aller simple seulement! Pour s'y marier et, surtout, produire des enfants en masse, pour rentabiliser la colonie,

---

36. *Ibid.*, p. 17.

Annette et Robert en Nouvelle-France
(Ville-Marie, 1665)

Pauvre Annette !...

Orpheline, elle vit à Rouen, en France, dans une grande misère, sans grand espoir d'une vie meilleure.

Robert, lui, soldat français, fait partie d'un régiment d'élite, le régiment Carignan-Salières, venu en Nouvelle-France imposer la colonie française.

Or, comme la Nouvelle-France plaît à Robert, il voudrait bien y demeurer, mais dans ce pays froid, il y a bien peu de filles à marier. Et les hivers sont longs.

C'est à ce moment précis qu'Annette, avec quelques centaines d'autres jeunes femmes, comme elle orphelines ou pauvres, est amenée en Nouvelle-France pour s'y marier. Quelle heureuse coïncidence !...

Après une longue traversée, elles sont accueillies par Marguerite Bourgeoys et ses sœurs, entourées de célibataires mâles tout endimanchés, fraîchement rasés, peignés, parfumés, cirés, gênés et souriants.

Et qui donc Annette va-t-elle rencontrer en Nouvelle-France ?... Vous l'avez deviné : Robert ! Tiens donc !...

Rapidement, Annette et Robert se plurent, s'épousèrent, se firent agricultrice et agriculteur, vécurent longtemps et heureux, plantèrent des choux dans lesquels ils trouvèrent de nombreux enfants dont les descendants peuplent en partie le Québec d'aujourd'hui.

Ainsi Annette accomplit-elle, quoique l'œil un peu cerné vers la fin, la mission que le roy lui avait confiée.

défricher, labourer et cultiver la terre, y dresser des
bâtiments, couper et coudre des vêtements, pêcher,
commercer, courir les bois, le fleuve et les rivières pour y
acheter des fourrures… Guerroyer contre les Anglais et les
tribus indiennes qui s'étaient alliées à eux… Puis étudier, à
Stadacona (Québec) ou à Hochelaga (Montréal), dans les
premières écoles de métiers, l'agriculture, la maçonnerie, la
menuiserie, la serrurerie, l'ébénisterie… Tout cela en
apprenant, des autochtones, l'art de ne pas périr de froid en
hiver, de se protéger du scorbut, de se vêtir…

Tout ce beau monde fit bien son possible pour peupler le Canada et le faire prospérer, mais les guerres se
multiplièrent entre la France et l'Angleterre, entre colons
français et autochtones alliés aux Anglais, de telle sorte
qu'en 1760 tout s'effondre : la Nouvelle-France (*quelques
arpents de neige*, avait dit Voltaire) agonise et meurt.
Défaite sur les Plaines d'Abraham, la France cède la
Nouvelle-France à l'Angleterre.

Passant sous domination britannique, le Canada et
son peuple humilié allaient connaître de profonds et
graves bouleversements.

… bûcherons… scieurs de bois…

Heureusement, oui, heureusement, que nos arrière-
grands-parents et trisaïeuls savaient jouer du violon, de la
ruine-babines, de la bombarbe et du piano, en plus d'avoir
du *swing* dans le jarret !

Heureusement qu'ils savaient giguer, fabriquer de la
bagosse et du vin de pissenlits, cuire des tourtières, pêcher,
chasser, manger l'ours et construire clandestinement des
alambics, parce que les décennies qui suivirent la défaite

de la France ne furent pas roses pour les colons français et leurs descendants demeurés sur place. On a beau vouloir chausser ses lunettes roses, il n'y a rien à faire : ce furent des décennies ingrates. On a beau chercher, on ne trouve pas grand-chose de réjouissant.

La fin de la Nouvelle-France venait ruiner un projet, briser la nation : plusieurs Françaises et Français, installés au Canada, préférèrent repartir en France, plutôt que de passer sous domination britannique.

Dès lors, les *vraies affaires* se passeront en anglais et en ville, alors que la population canadienne-française, réfugiée, repliée dans les campagnes, survivra en cultivant la terre à l'ombre du clocher paroissial. L'Église demeurait le seul refuge du peuple, son territoire de sécurité : on y parlait sa langue, on y respectait ses traditions…

Sur cette terre conquise, on fera aussi des enfants, beaucoup d'enfants. Ce sera la *revanche des berceaux* ! La Nouvelle-France de 1760, avec ses 55 000 habitants, sera peuplée, un siècle plus tard, par plus d'un million cent mille habitants, nouvelle immigration britannique comprise, bien sûr, mais quand même.

Quant au monde des affaires et de l'économie, monde présumé de toute manière avilissant, il sera accaparé par les *Anglais* qui, prenant possession de la Nouvelle-France, prendront aussi possession de ses principales activités commerciales, à commencer par le lucratif domaine de la fourrure. Aux négociants français succéderont donc les négociants britanniques.

Progressivement, ces nouveaux industriels anglais prendront aussi en mains un jeune et nouveau marché qui allait dépasser très vite, en importance et en rentabilité, le marché de la fourrure : le bois ! Puis, ce sera le textile, le vêtement, le tabac, l'industrie du fer…

Comme par la force des choses, tout au long de ce parcours, on aura assisté *à la transformation d'une société agricole, commerciale et artisanale en une société industrielle, urbaine et prolétarisée*[37].

Autant le dire : des plaines d'Abraham, en 1760, jusqu'à la deuxième moitié des années 1800, pendant plus d'un siècle, écrasés par la puissance anglaise, *les Canadiens* [français] *ne pourront être que les bûcherons, les scieurs de bois, les charretiers, les débardeurs*[38]… Ils demeureront au bas de l'échelle sociale.

Dans les chantiers[39]
Paroles : Anonyme
Musique : folklore traditionnel

Voici l'hiver arrivé
Les rivières sont gelées
C'est le temps d'aller au bois
Manger du lard et puis des pois

Refrain : *Dans les chantiers nous hivernerons*
          Dans les chantiers nous hivernerons

37. Fernand Harvey, *Révolution industrielle et travailleurs*, Montréal, Boréal Express, 1978, p. 12.
38. Maurice Séguin, rapporté dans Lacoursière *et al*, *op. cit.*, p. 211.
39. Pierre Fournier, *De lutte en turlute*, Sillery, Septentrion, 1998, p. 33.

Pauv' voyageur, t'as d'la misère
Souvent tu couches par terre
À la pluie au mauvais temps
À la rigueur de tous les temps

Quand tu arrives à Québec
Souvent tu fais un gros bec
Tu demandes à ton bourgeois
Qu'est là assis à son comptoi'

Je voudrais être payé
Pour le temps qu'j'ai travaillé
Le bourgeois qu'est en banqu'route
Il te renvoie manger des croûtes

Quand tu arrives chez ton père
Aussi pour revoir ta mère
Le bonhomme est à la porte
Et la bonn'femme fait la gargote

«Ah! bonjour donc mon cher enfant
Nous apportes-tu de l'argent?»
«Que l'diable emporte les chantiers
Jamais d'ma vie j'y retourn'rai»

Ainsi donc, pas ou peu instruits, sans liens et sans affinités avec les nouveaux dirigeants du pays, ne parlant pas ou si peu leur langue, les Canadiens français allaient être traités et perçus, sinon même se concevoir eux-mêmes, comme *scieurs de bois et porteurs d'eau*.

Aliénés dans leur propre pays.

CHAPITRE 3

LA *RÉVOLUTION INDUSTRIELLE* DÉBARQUE AU BAS-CANADA

> *Les ouvriers ne pouvaient ralentir les machines. Les mères de famille devaient se contenter d'une eau de qualité médiocre et accepter que leurs enfants aient uniquement la ruelle comme terrain de jeu.*
>
> ANNE-MARIE SICOTTE[40]

Un nom à retenir : James Watt, un ingénieur écossais, inventeur de la *machine à vapeur !*

Pendant 500 ans, jusqu'en 1800 environ, les conditions de travail avaient beaucoup changé, mais les techniques, pas tellement.

Mais attention !... Vers 1775[41], apparaît la célèbre *machine à vapeur.* Grâce à elle, les bateaux abandonneront la voile pour le moteur, les trains sur rails apparaîtront, les

---

40. Anne-Marie Sicotte, *Quartiers ouvriers d'autrefois 1850-1950,* Québec, Les Publications du Québec, 2004, p. XI.
41. Cette date varie selon les auteurs : 1769... 1780...

travaux traditionnellement ma-
nuels seront mécanisés… et, du
même coup, des tas d'emplois
seront perdus. L'invention de la
machine à vapeur, merveilleuse
et diabolique à la fois, marquera
le début de la *révolution industrielle.*

Quand cette *révolution* débar-
quera au Québec… nouvellement britannique, ce ne
seront pas les Canadiens français, ces *scieurs de bois et
porteurs d'eau,* qui en seront les maîtres, puisque le rôle de
la population française du temps *consiste d'abord à fournir
une main-d'œuvre à bon marché issue du milieu rural*[42].

Rural en effet, mais de moins en moins : de 1850 à
1900, la proportion urbaine de la population passera de
15 à 40 %. À Québec, vers 1850, on travaille dans *la
construction navale, les scieries, le meuble, quelques fonderies
et brasseries.* Plus tard, vers la fin du siècle, ce sera dans
les *industries légères comme le cuir (tannerie et chaussure),
la confection et aussi le bois*[43].

À Montréal, sur le point de devenir la métropole du
Canada, c'est sur les berges du canal Lachine que battra le
cœur industriel de la ville et que se multiplieront les usines.

Aujourd'hui, pour avoir une idée (très embellie !…) de
cette époque, il suffit de venir à Montréal en vélo, un beau
jour d'été, et de rouler tranquillement sur la très jolie piste
cyclable qui longe le canal Lachine, au cœur de l'île ! Tout
ici est douceur : quelques canards sur l'eau calme du canal,
des chiens en laisse, des cyclistes, des patineuses… Les

---

42. Fernand Harvey, *op. cit.*, p. 19.
43. *Histoire du mouvement ouvrier au Québec,* CSN/CEQ, 1979, p. 20.

grandes et silencieuses bâtisses de brique rouge désaffec-tées, parfois en ruines, parfois revampées et transformées en ateliers d'artistes, en bureaux, sinon en condos de luxe, sagement alignées le long du canal, sont les usines sombres et bruyantes d'hier, où l'on tissait, fondait les métaux ou construisait les rails des chemins de fer qui allaient relier les extrémités du Canada.

Les conditions de travail d'hier, dans ces usines, sont ingrates. Pénibles. L'époque est dure. Rude et sans pitié. La journée de travail est alors souvent de 12 heures. La semaine de travail, de six jours, peut donc atteindre 72 heures.

Les usines sont mal chauffées ou surchauffées par la chaleur que dégagent les machines. Mal aérées, bruyantes, polluées. Y font défaut le plus souvent les installations sanitaires.

Au moindre retard au travail, à la moindre erreur, au moindre faux pas, l'employeur impose des amendes. *Tu parles à l'ouvrage? Une amende! T'as fait une erreur? Une amende! Tu t'en vas avant l'heure? Une amende!...*

Les travailleurs sont surtout des hommes, mais 20% de la main-d'œuvre est constituée de femmes, sans comp-ter un nombre important d'enfants. Presque toutes célibataires (la grossesse n'est pas rentable et, de toute façon, la place des épouses est à la maison!...), les femmes touchent des salaires systématiquement inférieurs à ceux versés aux hommes, pour le même emploi.

> *Georgina Loiselle aidait financièrement sa mère, une veuve qui avait charge de plusieurs enfants. Au travail, elle se montrait cependant insolente à l'occasion, récriminant et refusant de faire du travail supplémentaire. M. Fortier était déterminé à lui donner une leçon et, un jour où elle refusait de faire 100 cigares additionnels, il tenta de lui donner une fessée. Il essaya de coucher Georgina sur ses genoux, mais elle tomba sur le plancher de l'usine où il l'immobilisa et la battit avec un moule à cigares*[44].

À les en croire, c'est presque malgré eux que les patrons ne paient que des salaires de famine! Ils en parlent le motton dans la gorge et la larme à l'œil. On a quasi pitié d'eux!...

Bon nombre de ces ouvriers «*bon marché*» sont des femmes et des enfants. En 1874, M. Muir, drapier, explique à une séance du Comité spécial sur les intérêts manufacturiers du Canada que ses travailleurs sont principalement des Canadiennes françaises.

Q: *Vous avez à Montréal un surcroît de population qui vous permet de vous procurer votre main-d'œuvre à bon marché?*

R: *Oui. De fait, j'ai le cœur navré quand je vois des femmes venir me supplier de leur donner de l'ouvrage.*

Q: *Alors, vous vous procurez votre main-d'œuvre à très bon marché?*

---

44. Susan Mann Trofimenkoff, «Contraintes au silence… Les ouvrières vues par la Commission royale d'enquête sur les relations entre le capital et le travail», *Travailleuses et féministes*, Marie Lavigne et Yolande Pinard (dir.), Montréal, Boréal Express, 1983, p. 85-86.

> R : *Oui, à trop bon marché.*
>
> Q : *Je présume que, vu ce surcroît de population à Montréal, vous vous procurez votre main-d'œuvre à meilleur marché à Montréal que vous ne pourriez le faire dans aucune autre partie du pays ?*
> R : *Nous le pensons.*
> [...]
> *Voyez-vous,* explique M. Muir, *on sait que les Irlandaises, quand elles viennent dans ce pays et qu'elles n'ont pas les gages qu'elles demandent, émigrent aux États-Unis... (les Françaises ne le font pas) et conséquemment nous avons à notre disposition la main-d'œuvre de cette espèce dans la province du Québec*[45].

Plusieurs femmes, mariées celles-là, font de la couture à domicile pour un sous-traitant qui, lui, agit pour un fabricant. Souvent aidées par leurs enfants, ces ouvrières touchent des revenus qui n'égalent même pas la moitié du salaire moyen des ouvriers. C'est le *sweating system,* le *système de la sueur.* Ces femmes surexploitées sont surtout des Canadiennes françaises et des immigrées de la communauté juive.

Fin des années 1880, le gouvernement fédéral instaure la *Commission royale d'enquête sur les relations entre le Travail et le Capital.* Les témoignages de certains employeurs trahissent leur parfaite insensibilité à la vie de leur personnel et au respect minimum qui lui est dû :

> Q : *Avez-vous consulté vos ouvrières lorsque vous avez fait ce changement de travail à la journée en travail à la pièce ?*

---

45. Bettina Bradbury, *Familles ouvrières à Montréal,* Montréal, Boréal, 1995, p. 36.

R: *Oui.*

Q: *De quelle manière les avez-vous consultées ?*

R: *En leur disant que nous allions faire ce changement!!!*

-0-0-0-0-0-0-

Q: *Vous avez, dernièrement, réduit les gages de vos employés, n'est-ce pas ?*

R: *Il n'y a pas de prix qui ne puisse être réduit!!!*

-0-0-0-0-0-0-0-0-

Petits salaires, donc pas d'argent pour faire instruire les enfants que, parfois, l'on doit emmener par la main à l'usine, parce qu'il faut bien gagner un peu d'argent pour que la famille puisse vivre. Constatation des commissaires :

> *Nous trouvons des enfants d'un âge encore tendre, s'usant dans la vie pour gagner un misérable salaire dans les fabriques de cotonnades, de cigares et dans d'autres ateliers malsains d'où ils ne peuvent tirer aucun bien ni socialement, ni moralement, ni matériellement, ni pécuniairement. Leur croissance est arrêtée par l'air impur dans lequel ils vivent*[46].

Et ce père, désarmé et aux abois : *J'ai un garçon de 17 ans, une fille de 15 ans, une autre fille de 13 ans et un petit garçon de huit ans, affirme un tanneur, mais ils ne vont pas à l'école. Il faut qu'ils m'aident. Il n'y a pas moyen...*

---

46. Rapport de la *Commission royale d'enquête sur les relations entre le travail et le capital*, (CRCTC), 1889, rapporté dans Jean De Bonville, *Jean-Baptiste Gagnepetit: les travailleurs montréalais à la fin du XIXᵉ siècle*, Montréal, L'Aurore, 1975, p. 60.

Quant à la sécurité au travail…

Il suffit d'une seconde d'inattention, dans les manufactures de textile, dans les imprimeries, dans les scieries, pour expliquer la perte d'un membre. Le mouvement saccadé du métier, le lourd rouleau de la presse déchirent parfois une femme, un enfant. […] Si l'inattention du travailleur est la cause immédiate de nombreux accidents, il est malaisé de ne pas admettre l'absence généralisée de dispositifs de sécurité. Presses, métiers, scies, fonctionnent à nu, happant une main, un bras. Les trous béants des puits de monte-charge engouffrent les travailleurs inattentifs; mais la négligence des industriels, l'incurie du gouvernement et son manque d'ardeur sont les causes premières des accidents de travail[47].

En 1893, un médecin du nom de C.I. Samson dépose son rapport au Ministère provincial responsable de l'inspection des manufactures :

Je viens d'inspecter une manufacture où sont employés un nombre considérable d'hommes, de femmes et d'enfants. Dans la salle où travaillent les femmes, des ordures entassées sous les tables croupissent mêlées à une matière poisseuse formée par l'huile des rouages. De ces ordures s'échappe une odeur qui est loin d'être salubre. Le lavage paraît inconnu. Il n'y a pas de balayage régulier…

Autre usine :

Les ouvrières condamnées au travail assis frissonnent jusqu'à neuf et dix heures. Le froid à certains jours est si vif que force est de renvoyer les ouvrières grelottantes.

---

47. Cette citation et les trois suivantes sont tirées de De Bonville, *op. cit.*, p. 76, 71, 73 et 75.

À l'extérieur de l'usine, les conditions de vie ressemblent à celles qui existent à l'intérieur :

> *Les quartiers ouvriers de Montréal et de Québec sont situés aux abords des ports et autour des manufactures. Les réseaux d'égout sont déficients. Les fosses d'aisance – les «bécosses» car il n'y a pas de toilettes à l'eau – débordent dans les cours au printemps. Les logements sont souvent des taudis insalubres et ils coûtent cher. [...] Logement et alimentation accaparent de 75 à 80% du revenu ouvrier.*

Dans de pareilles conditions, qui s'étonnera de ce que *un bébé sur trois meurt avant l'âge de six mois, au début des années 1880. [...] Les enfants morts avant l'âge de cinq ans comptent pour 60% du total des décès*[48].

Quant aux services médicaux et hospitaliers, ils sont disponibles moyennant paiement... Pour y avoir accès, on doit s'endetter pour des années à venir. Si la chose est impossible, il faut miser sur la charité.

Franchement, on déménagerait, on quitterait pareil pays et pareilles conditions de vie à moins !...

Lowell, Mass., USA

Déjà que la vie *«normale»* est dure, voilà qu'à la fin du XIXe siècle des crises économiques viennent, en plus, compliquer les choses pour la vaste majorité du peuple. Pendant que les nouveaux grands patrons (chemins de fer, bois, chantiers maritimes, banques...), venus de Grande-Bretagne, engrangent des fortunes colossales et s'érigent

---

48. *Histoire du mouvement ouvrier au Québec, op. cit.*, p. 27.

des palaces à Montréal, le peuple, lui, croupit dans sa misère. Le chômage est endémique.

Fatigués de tout cela, et même s'ils ne savent que baragouiner l'anglais, plusieurs se résignent à quitter le pays, baluchon sur l'épaule, quelques sous en poche, en quête d'un paradis annoncé, juste au sud, aux États-Unis. *L'émigration des Canadiens français prend l'allure d'une véritable hémorragie dans la seconde moitié du XIXe siècle. Raoul Blanchard [géographe français] évalue à 700 000 le nombre de Québécois qui auraient quitté leur patrie entre 1850 et 1930, et «il est fort possible que le chiffre soit insuffisant*[49]. Pour se faire une idée de l'importance de cette hémorragie, notons qu'en 1900 la population totale du Québec dépassait à peine le million et demi.

C'est dans l'industrie textile que ces émigrés seront embauchés: *Le travail est la marchandise que le pauvre apporte sur le marché*[50]. On les retrouvera, par exemple, dans une ville comme Lowell, Mass., là même où naîtra et grandira le célèbre romancier Jack Kerouac[51], fils d'émigrés francophones et pauvres du Québec venus y chercher fortune. En 1880, à Lowell seulement, on comptait une cinquantaine de filatures embauchant 14 000 femmes et 8 000 hommes. Les conditions de vie y sont, là aussi, très dures.

Les quartiers que nos émigrés habitent aux USA, et qu'on appelle *Little Canada*, ne sont guère mieux que

---

49. Lacoursière *et al*, *op. cit.*, p. 342. Certains auteurs parlent plutôt d'un million, voire d'un million et demi d'émigrants vers les États-Unis, au cours de cette même période de 1850 à 1930. Sur ce sujet, on verra avec intérêt le film *Les tisserands du pouvoir*, de Claude Fournier.
50. *Histoire du mouvement ouvrier au Québec*, *op. cit.*, p. 20.
51. Jack Kerouac est considéré comme l'un des principaux inspirateurs du mouvement beatnik dans le monde. Il est l'auteur, notamment, de *Sur la route*, œuvre fétiche du monde beatnik.

ceux qu'ils ont fuis! Rues non pavées, mares de boue…
Les descriptions qu'en font les historiens sont à la limite
du tolérable : *des égouts sales, des cuves à déjection sans
siphons pour empêcher les effluves* […] *d'empoisonner le
quartier.* […] *La région entière était mal drainée et encom-
brée de taudis répugnants et plutôt malpropres.* […] *L'endroit
est infesté de rats et comme il n'y a presque pas de ventilation,
l'odeur est nauséabonde.*

Les usines, de même que les maisons, surpeuplées,
sont à toutes fins utiles sans fenêtres. Les maladies, à commencer par la tuberculose, y font des ravages : en 1880, à
Lowell toujours, où l'on comptait environ 60 000 habitants, *la tuberculose emportait au moins 200 personnes par
année.* Plus d'un décès aux deux jours, pour une même
cause, dans une si petite ville[52].

Départ pour les États-Unis[53]
Paroles : Anonyme
Musique : Folklore traditionnel

*Quand j'ai parti du Canada
C'était pour aller dans les États
Je n'avais qu'un' vieille chemise
Qui n'avait pas d'argent dedans
J'avais qu'une vieille valise
Tout mon butin était dedans*

---

52. Les citations sont tirées de Martin Tétreault, «Les Canadiens français
de Lowell (Massachusetts) et la tuberculose», *L'Archiviste,* Archives
nationales du Canada, n° 118, 1999.
53. Pierre Fournier, *op. cit.,* p. 51.

> *Dans mon chemin j'ai rencontré*
> *Un de mes meilleurs associés*
> *Il me dit cher camarade*
> *Tu t'en vas dans les États*
> *Tu t'en vas manger d'la misère*
> *Retourn'-toi-z-en au Canada* [...]

Décidément, la *machine à vapeur* n'eut pas que de bons effets...

CHAPITRE 4

CONTRE LES EXPLOITEURS : LE SYNDICALISME ET LE COOPÉRATISME

Je ne suis plus tout seul,
tout le monde est avec moi[54] *!*

Ouvrières et ouvriers d'Europe, où étaient nées la *machine à vapeur* et la *révolution industrielle,* n'allaient pas tolérer sans riposte qu'on les jette à la rue et qu'on les remplace par des machines. Ils se soulèveront en masse, saboteront ces machines mangeuses d'emplois et mettront le feu aux usines... Ces manifestants du XIXe siècle seront appelés *luddistes* ou *luddites* en référence à un certain *Ned Ludd* dont l'Histoire ne sait rien.

À coups de sabots...

Les mots *saboter* et *sabotage,* qui sont dérivés du mot *sabot,* prirent le sens de *saccager volontairement* à l'époque de la révolution industrielle, en France.

---

54. Témoignage anonyme cité dans «Une expérience en pédagogie coopérative», de Claudette Évangéliste *et al,* dans Fernand Ouellet, *Les institutions face aux défis du pluralisme ethnoculturel,* IQRC, 1995.

Les travailleuses portaient alors des sabots de bois qu'elles utilisaient pour saccager ou… *saboter* les machines.

On le voit : la lutte finit par enrichir non seulement la classe ouvrière, mais également la langue et les dictionnaires.

Toutes ces agitations déplaisaient (le mot est faible…) aux industriels et à leurs complices politiques. Elles leur déplaisaient tellement qu'un beau matin, probablement un lendemain de manif ou de *sabotage*, un politicien français livra le fond amer de son cœur à la tribune de l'Assemblée nationale. Imaginez un peu le ton de l'orateur en flammes et écoutez ça :

> *Notre société commerciale et industrielle a sa plaie comme toutes les autres sociétés ; cette plaie, ce sont les ouvriers. Point de fabrique sans ouvriers, et avec une population d'ouvriers toujours croissante et toujours nécessiteuse, point de repos pour la société […] Chaque fabricant vit dans sa fabrique comme des planteurs des colonies au milieu des esclaves, un contre cent […] Les barbares qui menacent la société ne sont point dans le Caucase ni dans les steppes de la Tartarie : ils sont dans les faubourgs de nos villes manufacturières[55].*

Bon !… Ça va, assez, merci !

---

55. Extrait du *Journal français des débats*, le 8 décembre 1831, au lendemain de la 1re grande grève en France, celle dite des canuts, ou tisserands, de Lyon. Cité dans les *Traites négrières, op. cit.*, p. 362.

Tous les historiens sont d'accord sur au moins une chose: pendant cette longue période de plus de deux siècles, où germera et se construira le capitalisme, des milliers d'ouvrières et d'ouvriers d'ici et de partout, dont beaucoup d'enfants, vécurent l'enfer sur Terre. On qualifiera ce capitalisme naissant de *capitalisme sauvage*, parce que sans contrôle, sans réglementation, sans frein. Un capitalisme avide, féroce, impitoyable, sans âme. Il allait faire progresser l'économie et l'entreprise, mais sans le moindre égard pour la classe ouvrière.

Ann and Robert in Manchester
(Great Britain, 1819)

Petite-fille d'artisan, Ann fut toute heureuse le jour où, enfin, elle fut embauchée dans une filature de Manchester. Elle pourrait ainsi, songea-t-elle, contribuer à la survie financière de sa famille.

Hélas! trois fois hélas! elle découvrit vite qu'entre son rêve et la réalité, le fossé était profond. Mais comme elle était brave et voulait, coûte que coûte, rapporter des sous à la maison, elle persista malgré la dureté du travail et la cruauté des surveillants. La jeune campagnarde aux joues rondes et rosées qu'elle avait été fit rapidement place à une jeune femme maigre, au teint exsangue, ce qui troublait profondément son amoureux Robert qui, lui-même, n'en menait pas large.

Robert s'était trouvé une place, lui, à la forge où, du lever au coucher du soleil, dans une chaleur très éprouvante, il travaillait le métal chauffé à blanc. Il était devenu lui aussi extrêmement maigre, osseux, filiforme. Bien que jeune, il avait le teint gris.

Puis, ce qui devait arriver arriva : quand la filature où Ann travaillait décida de s'équiper de nouvelles machines à carder et à tisser, elle fut jetée à la rue. Sans aucun égard. Comme une vieille chaussette. (De toute manière, on préférait embaucher des enfants, qui avaient les doigts plus fins, étaient moins exigeants et disponibles en grand nombre.)

C'est alors que les *luddistes* entreprirent de saboter les nouvelles machines et de manifester bruyamment aux portes de la filature. C'est alors aussi que l'armée intervint.

Avec beaucoup d'autres travailleurs, Robert quitta alors la forge et accourut spontanément en appui à la manifestation. Les roches pleuvaient sur les soldats qui, sur ordre de leur officier, tirèrent alors une première salve.

Robert, apercevant Ann un peu plus loin, courut vers elle. Au moment où ils se rejoignaient et se serraient l'un contre l'autre, une nouvelle salve fendit l'air et les atteignit de plein fouet. Ils s'écroulèrent, encore enlacés, alors que la panique s'emparait de la foule qui, dans de grands cris, se dispersa dans tous les sens.

Toujours dans les bras l'un de l'autre, Ann et Robert eurent à peine le temps de se répéter combien ils s'aimaient et de se donner un ultime baiser avant que la mort ne vienne les cueillir.

Trop, c'était trop : en Angleterre notamment, la classe ouvrière allait réagir avec force et éclat : elle réussira à imposer – une première ! – la reconnaissance légale du syndicalisme et du droit de grève. *Thank you!*

En prime, et tant qu'à y être, elle inventera aussi le coopératisme.

L'Angleterre reconnaît le syndicalisme...

Les mauvais esprits disent que ce sont les patrons qui ont inventé le syndicalisme, puisque c'est de leurs abus qu'il est né !

Chose certaine, si tel est le cas, ce sont des parents très malveillants : dès sa naissance, ils ont combattu le syndicalisme et, pour tout dire, le combattent encore.

C'est dans l'Angleterre de 1824 que, pour la première fois dans l'histoire, le syndicalisme, qui vivotait plus ou moins clandestinement sous diverses dénominations (*associations, amicales, fraternités,...*), est enfin légalement reconnu. Le Parlement anglais renonce alors aux fortes sanctions qui, jusque-là, pénalisaient les dirigeants des diverses associations de travailleurs : *Maîtres et ouvriers*

doivent être laissés entièrement libres de passer les accords qu'ils jugent convenables, reconnaît le Parlement. *La voie est désormais libre pour la création non plus de simples associations mais d'*unions, *autrement dit de syndicats*[56]. La grève n'est plus, en soi, un *crime.*

C'est une première mondiale!

… et invente le coopératisme

Vingt ans plus tard, en 1844, toujours en Angleterre, à Rochdale, tout près de Manchester, des tisserands ingénieux font un bras d'honneur à leur… épicier/marchand général et fondent la *Rochdale Equitable Pioneers Society,*

> *une **coopérative de consommation** qui vise à approvisionner au juste prix ses membres en biens d'usage courant, tels farine, beurre, sucre, thé, tabac. […] Inspirés par des valeurs d'égalité, d'équité, de liberté et de solidarité, ces principes ont subséquemment rayonné au-delà des frontières pour devenir la référence universelle au concept de coopérative*[57].

Ici encore, c'est une première mondiale.

Portés par un pareil élan, et de mieux en mieux organisés, les ouvriers anglais se demandent alors s'il ne serait pas avantageux, une fois partis!…, d'être présents là même où se prennent les décisions: au Parlement!

56. Gilles Martinet, *Sept syndicalismes,* Paris, Le Seuil, 1979, p. 14
57. Jean-Pierre Girard, cité dans Jacques Keable, *Coopérer pour apprendre plus et mieux,* CSQ, 2002, p. 14.

Et ils se répondent, après un moment de réflexion :
why not ?!

En 1865, premier pas, un militant ouvrier réussit à se
faire élire à la Chambre des communes. Suffisant pour
ancrer un espoir tenace : d'élections en élections, sous
diverses bannières, ils apprivoisent patiemment la vie politique et occupent de plus en plus de sièges au Parlement.

Puis, en 1906, 29 députés, élus sous l'étiquette du
Parti libéral, quittent ce parti pour en former un nouveau,
un parti *socialiste.* Oui, *socialiste,* mais pour éviter de faire
peur au monde avec ce mot à odeur de soufre, on le bap-
tise prudemment *Labour Party,* ou *parti travailliste,*
comme on le dit en français. Il prendra le pouvoir une
première fois en 1924.

C'est d'ailleurs avec un gouvernement *travailliste* que
l'Angleterre amorcera le XXIᵉ siècle : Tony Blair, son chef,
guerrier et ami de George W. Bush, sera cependant peu
suspect de socialisme et de complicité syndicale ! Les fon-
dateurs de 1906 doivent parfois se retourner dans leurs
tombes.

Naissance du syndicalisme au Canada

Ce n'est pas parce que le gouvernement britannique
avait reconnu officiellement le syndicalisme et le droit de
grève qui vient avec que sa lointaine colonie canadienne
en fera automatiquement autant, oh ! que non !... C'est de
chaude lutte que la reconnaissance syndicale complète
sera acquise chez nous, et au terme de combats en tous
genres, y compris mortels.

Non, le syndicalisme n'a pas été servi sur un plateau
d'argent. Le droit de grève encore moins, puisque la grève

était considérée, par les tribunaux, comme une *entrave* à un droit sacré s'il en est, le *droit de commerce*. Ce qui constituait un *crime*, au sens du Code… Autrement dit, s'associer en gentille amicale, *okay*!… Mais déclencher la grève? *No way*!…

Il faudra attendre jusqu'en 1872 pour que le Parlement canadien retire enfin du Code criminel le «*crime*» de grève. Mais entre-temps, il y avait eu pas mal de brasse-camarades, comme notre Histoire en témoigne. Quelques exemples, parmi d'autres:

1815: les chapeliers de Québec déclenchent ce qui semble être la première grève au pays. Illégale, bien évidemment. Elle sera suivie de plusieurs autres.

1820: les charpentiers et les menuisiers de Montréal fondent un premier *syndicat*, mais il ne sera pas reconnu légalement.

1823: c'est au tour des tailleurs puis, l'année suivante, des typographes et aussi successivement, au fil des ans, des tailleurs de pierre, des maçons, des mécaniciens, etc.

1833 : l'*Association des charpentiers et menuisiers* fait grève – et avec succès – pour réduire la journée de travail de douze à dix heures.

1840 : à Québec, 8 000 ouvriers d'un chantier maritime, regroupés au sein de la *Société amicale et bienveillante des charpentiers de vaisseaux*, déclarent la grève. Toujours illégalement.

1843 : travaux d'élargissement du canal Lachine, inauguré en 1824, et creusage du canal Beauharnois. Au pic et à la pelle, 4 000 travailleurs creusent 12 heures par jour, six jours par semaine. Le travail est épuisant. Or, voilà que, malgré la dureté du travail, le gouvernement décide de... réduire les salaires. C'est la grève ! Elle durera un mois et se terminera dans un bain de sang :

Les grévistes assiègent les résidences des patrons à Saint-Timothée. La loi de l'émeute est proclamée et l'arrêt de travail étouffé dans le sang. Le soir du 11 juin 1843, l'armée britannique charge les grévistes. Une vingtaine d'hommes sont tués ou se noient en tentant d'échapper aux balles, une quarantaine d'autres sont blessés[58].

Le drame, malgré sa gravité, ne suffira pas à convaincre le gouvernement canadien que des négociations et des grèves, encadrées par des lois, seraient préférables à des affrontements où la seule règle qui tienne est celle de la jungle et de la force brute.

Il faudra attendre jusqu'en 1872, à Toronto, au lendemain d'une manifestation, à laquelle participèrent

---

58. *Histoire du mouvement ouvrier au Québec, op. cit.*, p. 31-32.

quelque 10 000 travailleurs : ce jour-là, le gouvernement pliera et les syndicats seront désormais légalement reconnus par l'État. La grève cessera d'être un *crime*. Cette décriminalisation n'empêchera toutefois pas que se poursuive la répression violente des grévistes par des employeurs que la loi n'avait rendus ni plus scrupuleux ni moins voraces.

1er mai

L'affaire se passe à Chicago, en 1886. Les syndicats réclament la journée de huit heures.

Le 1er mai, le patronat refusant cette demande, 190 000 travailleurs, dont 80 000 à Chicago, se mettent en grève à travers les États-Unis.

La bourgeoisie du pays prend peur parce que les syndicats sont en étroite relation avec des groupes de socialistes révolutionnaires.

Au quatrième jour de la grève, à Chicago, *une bombe mystérieusement lancée dans les jambes des policiers* [...] *fournit le prétexte désiré. Les chefs du mouvement socialiste révolutionnaire furent arrêtés, condamnés à mort et finalement pendus.* [...] *Les martyrs de Chicago : Parsons, Fischer, Engel, Spies et Ling appartiennent, depuis lors, au prolétariat international et la célébration universelle du Premier Mai commémore le crime atroce perpétré aux États-Unis par les paladins de la libre entreprise*[59].

Au Québec, le 1er mai, *fête des Travailleuses et des Travailleurs*, est célébré par le mouvement ouvrier depuis le milieu des années soixante, mais n'est pas légalement férié. Il ne faut donc pas confondre cette

---

59. Daniel Guérin, *Le mouvement ouvrier aux États-Unis de 1866 à nos jours*, Paris, Maspéro, 1977.

fête avec la *fête du Travail*, jour légalement férié célébré au Canada le premier lundi de septembre, depuis 1894.

Cette *fête du Travail* ne rappelle aucun geste militant, aucune lutte particulière. C'est un hommage au vaste monde du travail qu'au Canada anglais, par ailleurs, le mouvement syndical célèbre.

Au Québec, c'est d'abord et avant tout un... congé! Quelqu'un est contre les congés?

La coop : de Rochdale à Lévis

Le coopératisme, inventé par des tisserands anglais en 1844, traversera lentement l'Atlantique et atterrira en douceur dans le cerveau d'Alphonse Desjardins, à Lévis, en 1900.

Sous l'inspiration de la coopérative de Rochdale, Desjardins ouvre alors modestement, chez lui, une première et toute humble Caisse populaire. Premier dépôt : 10 sous. On connaît la suite : l'immense succès des Caisses Pop constitue sans l'ombre d'un doute l'un des tout premiers grands succès d'*affaires* du Québec français.

Depuis la fondation de cette première Caisse populaire, le mouvement coopératif a fait boule de neige, s'est diversifié et a touché presque tous les secteurs de la vie économique québécoise : crédit bien sûr, assurances, forêt, santé, sport, agriculture, sociétés funéraires, habitation, hébergement et restauration, alimentation, développement international, garderies, etc., etc.

Le mouvement coopératif a été, pour le Québec français, la porte d'entrée dans le monde des *affaires*, longtemps et très largement dominé par les intérêts canadiens-anglais et états-uniens. Un chiffre : en 2003, notamment en raison des acquis au sein du mouvement coopératif et du *niveau d'éducation* atteint au Québec, 67 % de tous les emplois relèvent d'entreprises aux mains de *propriétaires francophones*[60]. Pareille situation était inimaginable à l'heure de la naissance de la première Caisse Desjardins qui aura été l'une des étincelles à la source de ce réveil économique et qui, aujourd'hui encore, continue de fleurir et de se déployer.

Un autre chiffre : en cinq ans, de 1999 à 2003, le nombre d'emplois, dans l'ensemble du mouvement coopératif, est passé de 72 208 à 77 708. Pendant la même période, le chiffre d'affaires passait de treize à dix-huit milliards de dollars, alors que les actifs détenus par les coopératives augmentaient de 80 à 104 milliards[61].

Cela dit, il arrive que, même entre vieux et fidèles amis, la… *chicane pogne!* Or, syndicalisme et coopératisme sont justement de vieux amis. Chacun, respectueux de l'autre, ayant ses intérêts particuliers, ses petits défauts et ses petites habitudes, il arrive à l'occasion que leurs routes se croisent, provoquant des accidents de parcours plus ou moins sérieux!… Ils se chamaillent un peu, puis se raccommodent! Comme les vieux couples, quoi!

Il n'y a là rien de bien surprenant : quand une entreprise souhaite une rentabilité… maximum et qu'elle compte, pour y arriver, sur près de 80 000 employés dont plusieurs sont syndiqués, il peut se produire qu'on ne s'entende pas toujours sur les moyens d'atteindre les objectifs…

Mais la *vraie vie*, c'est aussi ça!

---

60. *Le Devoir,* 20 mars 2006, p. A5. Éric Desrosiers, « Le Québec aux Québécois », référence à une étude de François et Luc Vaillancourt.
61. Ministère du Développement économique, Québec, *Coopératives du Québec – Données statistiques – 2005.*

CHAPITRE 5

TAYLOR ET FORD : LE TRAVAIL ROBOTISÉ

*L'individu est attaché à la ligne d'assem-
blage. Le travail vient à lui, c'est pas lui qui
vient au travail. Moi, je suis d'avis qu'on
est tous trop intelligents pour travailler sur
une ligne d'assemblage. Pour certains
travaux, on pourrait peut-être même
entraîner des singes !...*

HENRI GALARNEAU[62]

Le plus grand «casseux de
veillée» de l'histoire moderne du
travail est un États-Unien,
ouvrier d'origine, devenu contremaître puis ingénieur et
consultant patronal. Son nom :

---

62. Extrait de la série *La tête de l'emploi*, diffusée sur les ondes de la radio de
Radio-Canada, été 1994. Le regretté Henri Galarneau, du Syndicat des
travailleurs canadiens de l'automobile (FTQ), fut, entre autres activités
syndicales, président du Comité syndical d'usine, à la General Motors
de Boisbriand, de 1989 à 1996, année de son décès.

Frederick Taylor. Il va inventer ce qu'il appellera pompeusement *l'organisation scientifique du travail,* ce que tout le monde appellera le *taylorisme.* Ce sera la foudroyante réponse des patrons au syndicalisme naissant.

Au début du XXe siècle, il y a donc à peine plus de 100 ans, Taylor se rend compte que l'ouvrier de métier détient un avantage décisif sur son patron : il possède le savoir. C'est l'ouvrier qui sait *comment ça marche*! Autrement dit, Taylor comprend − et c'est là tout son génie − que *c'est dans la casquette de l'ouvrier que se trouve la cervelle du patron*[63]. Et il en conclut qu'il doit donc réussir ceci : livrer au patron la cervelle de l'ouvrier!

Pour y arriver, il va observer et disséquer très minutieusement le travail propre à chaque métier, le ramener à une série d'opérations successives et indépendantes les unes des autres, et les chronométrer. Exemple : fabriquer une chaise nécessite, disons, 100 opérations différentes, chacune nécessitant tant ou tant de minutes de travail. Une fois établies la séquence et la durée de ces opérations, Taylor ne demandera plus à la travailleuse ou au travailleur de fabriquer cet objet, une chaise en l'occurrence, dans sa totalité, mais plutôt de fabriquer une simple pièce, un morceau de... quelque chose, sans même se sentir obligé de lui dire qu'en bout de ligne cette pièce, jointe à plusieurs autres, formera une chaise de tel style...

Par ailleurs, en additionnant le temps moyen requis pour fabriquer ainsi chacune des pièces d'un produit donné, le contremaître saura exactement combien de temps est

---

63. Cité par Benjamin Coriat dans *L'atelier et le chronomètre* (Paris, Christian Bourgois, 1979), la phrase est attribuée à Montgomery, sans plus de précision.

nécessaire pour produire la totalité de l'objet. Ainsi informé, il pourra détecter l'origine de tout ralentissement, imposer des cadences, les pousser à la limite et, donc, assurer une production maximum et uniforme dans un temps minimum. Il n'y aurait plus de temps morts. C'était la fin de ce que Taylor appelait la *flânerie* des ouvriers de métier.

Ces opérations pouvaient dès lors être menées par des ouvriers non qualifiés. Par n'importe qui, en fait. Autrement dit, Taylor venait de vider le travail de son intelligence, de son sens, après avoir volé la *cervelle* du travailleur.

Il en fait un robot. Un ouvrier programmable. *L'intelligence est chassée des ateliers et des usines. Il ne doit y rester que des bras sans cerveau et des automates de chair adaptés à des automates de fer et d'acier*[64].

Son travail ainsi émietté et réparti entre plusieurs personnes, le savoir de l'ouvrier de métier qualifié devint donc inutile, puisque n'importe qui peut prendre sa place. Les usines embauchèrent massivement des gens sans formation, pas cher payés, à qui l'on demandait de poser des gestes répétitifs, rapidement, sans se préoccuper du résultat final. Ce travail, vide de sens, devint absolument banal, routinier, abrutissant.

Le *taylorisme* suscita la colère et l'indignation des ouvriers, aux États-Unis notamment, où les grèves et les

---

64. Cité dans Beaud, *op. cit.*, p. 219.

manifestations diverses se multiplièrent, mais la méthode connut un succès retentissant partout dans le monde, y compris au Québec.

Marcher n'est pas payant !

Peu après, Henry Ford, le fondateur de la société automobile du même nom, poussa plus loin cette idée. Dans le système de Taylor, l'ouvrier devait transporter lui-même sa production à un autre travailleur qui, à son tour, y ajoutait son *morceau*. Ford, qui savait compter, comprit que *la marche n'est pas une activité payante* : il implanta donc des convoyeurs dans son usine. La chaîne de montage était née. Les ouvriers resteraient toute la journée à la même place, ce sont les pièces des objets à fabriquer qui défileraient devant eux, au rythme du convoyeur. L'ouvrier poserait alors le geste convenu, puis l'objet avancerait jusqu'à l'ouvrier suivant qui poserait un second geste, toujours le même, puis l'objet continuerait encore d'avancer jusqu'à…

Le travail ne misait tellement plus sur la *cervelle* que le temps de formation nécessaire pour devenir ouvrier chez Ford, en 1926, était inférieur à une semaine ! Pis encore, clama un Ford heureux et satisfait : *95 % des modeleurs et fondeurs sont « spécialisés dans une seule opération que l'individu le plus stupide peut apprendre à exécuter en deux jours*[65]*».

---

65. Henry Ford dans Beaud, *op. cit.*, p. 233-234.

Il y eut toutefois un gros pépin : les ouvriers n'arrivaient pas à se résigner à ce genre de travail dévalorisant et quittaient ces emplois abrutissants et peu payants. Ainsi, pour combler 15 000 postes, en 1913, Ford dut embaucher... 53 000 personnes. Ce roulement de personnel était intenable et Henry Ford finit par le comprendre.

Ford, qui visait la production et donc la consommation de masse, finit aussi par comprendre une deuxième chose : pour réussir à vendre le maximum de voitures et maximiser ses profits, il lui fallait maximiser le nombre d'acheteurs potentiels, à commencer, logiquement, par les employés même de Ford ! Alors, il prit la décision spectaculaire de verser à ses ouvriers un salaire assez élevé non seulement pour les retenir à l'usine, mais aussi pour leur permettre d'acheter leur propre voiture Ford ! De devenir leurs propres clients !

Que fit-il ? Un coup d'éclat : en 1914, il doubla le salaire d'un coup, le faisant passer à 5 $ par jour, tout en ramenant la journée de travail de neuf à huit heures. Le travail demeurait abrutissant, mais au moins les ouvriers se sentirent momentanément mieux traités.

Ce raffinement (!) du *taylorisme*, fruit du mélange des changements techniques et d'un ajustement considérable des salaires, est connu, depuis ce temps, sous le nom de *fordisme*.

Ainsi naquirent la production et la consommation de masse que les deux grandes guerres mondiales du siècle, avec la grande crise économique au beau milieu, freineront jusqu'à l'armistice de 1945. Ce jour-là, la véritable société de consommation sera lancée.

De ces inventions diaboliques que furent, pour les travailleuses et les travailleurs, le *taylorisme* et le *fordisme*,

Charlie Chaplin tira un film d'une drôlerie à faire pleurer : *Les temps modernes*. On y voit l'histoire d'un travailleur qui, incapable de suivre la cadence, est carrément avalé par la machine.

La chaîne de montage, pourtant, existe toujours.

La longue marche

Au début du XXᵉ siècle, au moment où Frederick Taylor et Henry Ford coulent le travail dans un corset d'acier, les travailleuses et les travailleurs entreprennent, de leur côté, de raffiner les outils syndicaux encore bien jeunes dont ils disposent pour riposter. Ils en auront bien besoin, mais le rapport de force ne leur est pas très favorable : les détenteurs des capitaux ont le vent dans les voiles et dominent tant la politique que l'économie.

Quand les capitalistes états-uniens entrent en force au Québec et au Canada, au début du XXᵉ siècle, ils n'éprouvent pas la moindre gêne ! Ils prennent place aux côtés des capitalistes canado-britanniques qui, eux, sont à leur apogée, s'enrichissent à ras bord et de formidable façon avec la construction des chemins de fer, les transports maritimes, les banques, l'industrie du tabac, du bois, de la bière, les fonderies, etc.

J'entends la fonderie qui rush
Pour ceux qui l'savent pas

On y brûle la roche
Et des tonnes de bon gars
Les grandes cheminées
Éternelles comme l'enfer
Quand le gaz m'a pogné
Chu v'nu tout à l'envers

Entendez-vous la rumeur
La loi de la compagnie ?
« Il faudra que tu meures
Si tu veux viv' mon ami »

RICHARD DESJARDINS,
…et j'ai couché dans mon char

Habitant de vastes maisons d'un luxe souvent ostentatoire entourées de jardins soigneusement aménagés et entretenus, nos grands patrons canado-britanniques sont pesamment installés dans ce quartier de Montréal qui porta, et porte toujours, le nom de *Golden Square Mile*, ou de *Mille carré doré…*

Leur personnel, tant à la maison que dans leur entourage immédiat au bureau, sera de préférence *british*:

[…] *la majorité des grandes entreprises industrielles financières appartenaient à des anglo-protestants. Ceux-ci préféraient des employés britanniques. Leurs entreprises recrutèrent des ouvriers spécialisés en Grande-Bretagne durant la période allant de 1900 à 1913, entraînant les plus grosses vagues d'immigrants britanniques au pays.* […] *L'élite recherchait aussi la qualité pour ses domestiques: on recrutait les majordomes, les cuisinières, les bonnes d'enfants et les gouvernantes en Grande-Bretagne.*

[Quant aux Canadiennes françaises, que l'on embauchait parfois comme *paires de mains*, elles étaient] «*étroitement surveillées*», *comme me l'expliqua la femme d'un médecin, parce qu'en ce temps-là, elles parlaient toutes joual, ce qui n'était pas acceptable*[66].

Cette élite anglo-britannique n'était toutefois pas parfaitement unanime: elle comptait quelques moutons noirs, socialistes *soft* mais néanmoins capables de belles colères, parfois. C'est que les fastes de l'élite atteignaient de tels niveaux d'indécence que même le député de... Westmount, un brigadier-général du nom de Charles Smart s'écriera un jour: *Il n'y a aucune banque au pays qui ne viole pas le Code criminel... Les banquiers d'aujourd'hui sont des gangsters et des pirates... Qu'un indigent vole un pain et il fera deux ans de prison. Un autre prend 10 000 000 $ et le voilà capitaine d'industrie*[67].

Le brigadier-général ne mentait pas: oui, les *indigents* étaient de vrais indigents et nombreux. Très nombreux. Ils parlaient d'ailleurs surtout français et, dans une moindre mesure, irlandais. Les chantiers de toutes sortes qui se multipliaient, surtout à Montréal, désormais plus peuplée que la ville de Québec, drainaient une immigration pauvre et abondante venue des campagnes et de l'extérieur du pays. Cette immigration est cependant honteusement discriminatoire: *l'accès au Canada est formellement interdit aux Noirs* par le gouvernement fédéral, écrit l'historien Ramsey Cook[68].

---

66. Margaret W. Westley, *Grandeur et déclin – L'élite anglo-protestante de Montréal – 1900-1950*, Montréal, Libre Expression, 1990, p. 38 et 44.
67. *Ibid.*, p. 269.
68. Ramsey Cook, *Histoire générale du Canada*, Craig Brown et Paul-André Linteau (dir.), Montréal, Boréal, 1990, p. 459.

Cet afflux de familles ouvrières vers les villes crée alors d'importants problèmes : *On compte beaucoup de familles nombreuses et les ouvriers ne parviennent pas à joindre les deux bouts. Les logements, en nombre réduit à cause de l'urbanisation rapide, sont hors de prix*[69].

Les conditions qui prévalent au cours des premières décennies du XXe siècle sont donc tout aussi pénibles que celles du XIXe siècle, comme le précise Ramsey Cook :

> *Le logement n'est pas le seul problème des zones urbaines populeuses.*
>
> *Les égouts, l'eau potable, l'hygiène, l'éducation, les parcs et les installations de loisirs deviennent des questions préoccupantes.*
>
> *L'absence d'égouts, la consommation de lait non pasteurisé et l'inefficacité des programmes d'hygiène entraînent un haut taux de mortalité infantile et un nombre stupéfiant de décès dus à des maladies contagieuses*[70].

En 1937, une commission royale d'enquête, évoquant l'industrie textile, ne pouvait que se résoudre, visiblement à reculons, à reconnaître et à condamner l'intolérable : *Nous ne pouvons, en toute franchise, nous abstenir de dire que les conditions de travail* [...] *sont telles qu'elles méritent la condamnation la plus vigoureuse. Elles ne sauraient être tolérées dans un pays qui se prétend civilisé.* La Commission ajoutait des commentaires de la même eau au sujet de l'industrie de la chaussure.

À tout cela s'ajoutaient les discriminations spécifiques contre les femmes au travail, dont le nombre s'était accru

---

69. Westley, *op. cit.*, p. 269.
70. Cook, *op. cit.*, p. 474.

à l'occasion de la guerre 1914-18, guerre qui avait transformé des ouvriers canadiens en soldats. Dans les usines, il avait donc fallu les remplacer par des femmes, mais… à moindre salaire, ce contre quoi, dès 1917, s'élevait Éva Circé-Côté qui, sans doute pour plus de crédibilité, signait ses articles, dans *Le Monde Ouvrier*, d'un pseudonyme masculin, Julien Saint-Michel, et réclamait ce qui était proprement révolutionnaire à l'époque, un salaire égal pour un travail égal :

> *Pourquoi les femmes qui font un travail aussi pénible que les hommes ne seraient-elles pas aussi bien rémunérées ? [...] Ce qu'elle* [la femme] *doit exiger, c'est à travail égal, salaire égal. [...] Payer la femme moins cher que l'homme, c'est violer les lois les plus élémentaires de l'humanité, c'est subordonner sans raison le sexe faible au sexe fort. Remplacer à l'atelier l'ouvrier par l'ouvrière, parce que celle-ci est payée moins cher, c'est l'homme en définitive qui se trouve à en souffrir. Puisque les positions se feront plus rares pour lui, c'est aviver la concurrence entre la main-d'œuvre féminine et la main-d'œuvre masculine, c'est désunir deux forces faites pour s'aider, pour s'entendre*[71].

Éva Circé-Côté s'engageait là dans une longue bataille…

---

71. Éva Circé-Côté «Travail égal salaire égal», *The Labor World/Le Monde ouvrier*, 25 août 1917, dans *La pensée féministe au Québec*, Micheline Dumont et Louise Toupin, Montréal, Remue-ménage, 2003, p. 87.

Chapitre 6

Le syndicalisme dans la tourmente : de la grande crise des années trente à la Révolution tranquille

> *Je ne me suis jamais posé de questions sur l'utilité de me syndiquer, c'est venu tout naturellement, tout bonnement. La première fois qu'un gars m'en a parlé, j'ai dit «amène tes cartes» puis je suis sorti faire signer des membres.*
>
> Louis Laberge, président de la FTQ de 1964 à 1991[72]

Deux guerres mondiales, fastes scandaleux des élites industrielles et financières, mauvais traitements infligés à la main-d'œuvre, grande crise des années trente, conditions de vie intolérables… décidément, le XXe siècle était mal parti !…

---

72. Louis Fournier, *Louis Laberge – Le syndicalisme, c'est ma vie*, Montréal, Québec Amérique, 1992, p. 57.

En réaction, un peu partout dans le monde, dès les premières décennies de ce siècle, l'ensemble des forces dites de gauche, syndicalisme compris, se durcit et la révolution sociale marque des points. Le communisme s'impose en Russie en 1917 et, de manière générale, notre petite planète bleue se met à rougir de plus en plus.

Au Québec, ce rouge ira du rouge pâle au rouge éclatant. L'Abitibi et ses mines rougiront très vivement avec la venue d'immigrants d'Europe de l'Est, souvent communistes, ce qui donnera lieu à un syndicalisme très militant[73]. Un Parti ouvrier sera fondé à Montréal en 1899 et vivotera pendant 30 ans.

En 1932, en Saskatchewan, naîtra la Cooperative Commonwealth Federation (CCF), parti politique social-démocrate, ancêtre du Nouveau parti démocratique (NPD), soutenu par le mouvement syndical canadien. Ni la CCF ni le NPD ne parviendront à ce jour à faire une véritable percée au Québec, en raison de la question nationale qui, depuis trois quarts de siècle, fait immanquablement barrage entre le Canada anglais et le Québec.

En pleine guerre mondiale, en 1943, un communiste montréalais est élu député fédéral. Son nom : Fred Rose. Son destin sera tragique : les gouvernements menant une lutte sans concession aux forces de la gauche radicale, Fred Rose sera expulsé du Canada vers la Pologne, son pays d'origine, où il mourra.

---

73. Un roman de Jocelyne Saucier, *Jeanne sur les routes* (Montréal, XYZ éditeur, 2006), fait revivre cette époque.

Anne et/and Bob, militants ouvriers
(Saint-Henri, vers 1935-1936-1937…)

Bob, aux cheveux noirs et raides, est militant ouvrier communiste, anglophone, juif, né dans un milieu urbain.

Il a un œil sur Anne, une jeune ouvrière non politisée venue tout droit de la campagne, catholique, francophone, et qui elle-même a un œil sur Bob! Qu'arrivera-t-il donc? Anne fera-t-elle de Bob un catholique francophone ou alors Bob fera-t-il d'Anne une juive anglophone?

Réponse: Ils se feront bilingues et laïques! Et, plus encore, amoureux!

Mais au cours de ces années trente, une crise économique sans précédent balaie tout sur son passage. La misère s'installe dans les villes, à Montréal notamment, où les usines ferment les unes après les autres. Sans secours vraiment organisés, les gens souffrent. Il faut se battre pour survivre, sinon le découragement l'emporte.

Mais comment se battre? Bob a son idée, la dit, la redit et la crie dès qu'il en a la chance: *Prolétaires du monde entier, unissez-vous!…* L'avenir, soutient Bob, est dans le communisme, comme le montre la Russie, depuis 1917!

Anne entend le message et adhère au Parti. On la verra dès lors au coin des rues, avec Bob et d'autres militants, distribuer clandestinement le journal *Clarté*.

Mais rapidement, en 1937, le premier ministre du Québec, Maurice Duplessis, proclame la *loi du cadenas*. Cette loi autorise la police à cadenasser tout local servant à la propagande communiste. Les perquisitions se multiplient alors dans les maisons des militants qui sont, au fond, plus syndicalistes que communistes.

Malgré tout, malgré la Deuxième Guerre mondiale qui commence, le militantisme ne lâche pas.
Anne, qui a fini par se faire embaucher dans une usine
de textile, réussira à y implanter un syndicat.
Mais dès la première menace de grève, elle se
retrouvera en prison sous de vagues accusations de
subversion.
Ces mauvais moments passés, Anne fut enfin
libérée et put épouser son Bob. Ils vécurent une vie
heureuse mais, pour tout dire, un peu agitée.
Ils n'eurent pas tellement de temps à consacrer à
faire des enfants et n'en firent pas.

La peur est le commencement de...

En bref, la grande crise économique du tournant des
années trente, qui va jeter de larges pans du monde dans la
misère, la Deuxième Guerre mondiale de 1939 à 1945, menée
victorieusement avec le concours de la Russie communiste, les
revendications nombreuses du mouvement syndical,
l'agitation soutenue dans les milieux de gauche et la montée
internationale du communisme, tous ces phénomènes vont
semer la frousse chez les dirigeants politiques et financiers et
les amener à jeter un peu de lest.
Ce n'était pas trop tôt !
Naîtra alors l'*État-providence*, c'est-à-dire un État
qui acceptera, comme ce sera le cas au Canada et dans la
plupart des pays européens, notamment l'Angleterre,
d'intervenir directement dans l'économie et de tisser, au
profit des populations, ce qu'on appellera un filet de
sécurité sociale.
Ainsi, en 1940, sera lancée l'assurance-chômage : *Avec*
l'instauration du régime, le chômage est enfin reconnu comme

un phénomène inhérent à l'économie de marché[74]. Le recours à un soutien financier, en cas de chômage, devient donc non plus une affaire gênante de charité, mais simplement l'exercice d'un droit reconnu… (Un droit qui, notons-le au passage, s'effrite dangereusement depuis quelques années.) Ainsi encore assisterons-nous à la création d'un régime public de pensions, de l'assurance maladie, de diverses sociétés d'État ainsi qu'à la distribution de subventions et d'avantages fiscaux en vue de la création d'emplois, etc.

Cet ensemble de politiques caractéristiques des États-providence sera appelé *keynésianisme*, d'après le nom du très célèbre économiste progressiste anglais John Maynard Keynes.

Au Québec, l'État-providence naîtra en retard sur celui de nos voisins canadiens et ne connaîtra son véritable envol que sous Jean Lesage et la Révolution tranquille, à partir de 1960. Jusqu'à ce moment, le…

La *révolution* chez les femmes

Sauf cas de guerres… 1914-18… 1939-45… les femmes mariées et, à plus forte raison, mères, ne travaillaient pas à l'extérieur. La chose était mal vue par la société. Seules, ou à peu près, les femmes célibataires pouvaient occuper un emploi. Un emploi sous-payé de subalterne, s'entend…

Mais voilà qu'avec la guerre, les hommes étant partis sur les champs de bataille, on fut moins regardant sur le sexe, l'état matrimonial et la maternité : les

---

74. Georges Campeau, *De l'assurance-chômage à l'assurance-emploi*, Montréal, Boréal, 2001, p. 132.

femmes, mariées et mères de famille comprises, se retrouvèrent appelées à remplacer les hommes au travail, y compris dans les arsenaux, à fabriquer des bombes. Or, surtout dans les années 39-45, elles y prirent goût : pas tant aux bombes qu'au travail à l'extérieur, contre un salaire. Intime et doux sentiment de liberté et d'indépendance : voir et parler avec d'autres personnes que son mari et sa famille, sortir des quatre murs de sa maison, toucher une paie.

De retour de la guerre, les hommes voulurent reprendre leurs jobs, mais les femmes étaient réticentes à quitter le marché du travail. Alors, se gonflèrent ce qu'on appellera plus tard les *ghettos féminins* : secrétaires, coiffeuses, infirmières, enseignantes, autant de secteurs d'emploi qui n'étaient pas sans rappeler les responsabilités que les femmes, traditionnellement, assumaient à la maison.

La lutte des femmes pour sortir ensuite de ces ghettos, entreprise bien avant mais avec moins d'emprise, s'est accélérée dans la foulée de la Révolution tranquille.

Près de cinquante ans plus tard, elle n'est pas terminée.

… Québec vivotait sous la férule d'un père Fouettard hors du commun. Son nom : Maurice Duplessis, chef de l'Union nationale et premier ministre. Il régnera sur le Québec de 1936 à 1939 puis, sans interruption, de 1944 jusqu'à sa mort, en 1959.

Duplessis fera tout ce qu'il pourra pour casser le mouvement ouvrier. Il traînera les syndicats les plus combatifs devant les tribunaux, leur fera enlever leur accréditation, fera emprisonner des leaders syndicaux, soutiendra les grandes compagnies des États-Unis et les grands employeurs locaux contre les travailleuses et les travailleurs québécois.

Il fera tout ce qu'il est alors possible pour contrer l'exercice du droit de grève et, le moment venu, il n'hésitera pas à lâcher, contre les grévistes et les militants *communistes*, sa *police provinciale*, alors appelée la *PP*, qui servait de *gros bras* au pouvoir politique partisan… Aux *gros bras* de la *PP* de l'époque, il ajoutera, si nécessaire, des *gros bras* embauchés spécialement pour casser du gréviste, comme il le fera lors de la mémorable grève des mineurs de Murdochville en Gaspésie, en 1957.

Adepte du calembour d'un goût souvent douteux, il émit un jour, au sujet du rôle de l'État par rapport à la santé de la population, cette phrase cynique et méprisante : *le meilleur remède contre la maladie, c'est la santé !…*

Cette interminable période sera appelée la *grande noirceur*. Et non sans raison!

La militante syndicale feue Léa Roback raconte...

> *Prenez Madeleine Parent[75], par exemple. Une femme comme elle, c'était l'antithèse de ce que Duplessis voulait chez les femmes. C'est une femme qui est sensible aux besoins des autres et qui en parle.* [...] *Duplessis l'attaquait mais c'est parce qu'il savait qu'elle était une femme forte. Il ne voulait pas de ça, il raisonnait d'ailleurs comme Hitler: les femmes...* «Kinder, Küchen und Kircher»: les enfants, la cuisine et l'église[76].

L'arrivée au pouvoir, en 1960, du gouvernement Lesage et de son ministre des Ressources naturelles, René Lévesque, allait notamment conduire, en 1962, à la nationalisation de l'électricité et à la mise en chantier de toute une série de grands barrages. Hydro-Québec passait ainsi de la taille d'un nain à celle d'un lutteur de sumo!

Dans un premier temps, c'est la Manicouagan, sur la Côte-Nord, en territoire innu, qui verra arriver des

---

75. Militante syndicale communiste, Duplessis la fit emprisonner pour activités syndicales.
76. Léa Roback, «Propos d'une batailleuse», dans *La pensée féministe au Québec, op. cit.*, p. 316.

dizaines de milliers de travailleurs et de travailleuses qui y érigeront des structures inédites à ce jour, dont le célèbre Manic-5 capable de retenir un réservoir d'eau de près de 2 000 km carrés et d'accueillir une cathédrale sous sa voûte centrale!... Le Québec tirera la plus grande fierté, à cette époque, de ces œuvres titanesques qui, depuis, continuent d'attirer les touristes d'un peu partout.

Puis, dans les années soixante-dix, sous la gouverne, cette fois, de Robert Bourassa, c'est à la baie James, en territoire cri, que le Québec se rendra ériger, sur la rivière La Grande, le barrage LG2. Ici encore, des dizaines de milliers de travailleuses et de travailleurs viendront vivre une épopée qui fera du Québec un pays à énergie propre.

Petite fleur à la boutonnière, une chanson viendra mettre en musique le côté intime et secret de ces travaux herculéens: le cœur amoureux et malade d'ennui du travailleur éloigné de sa belle et qui en rêve... C'est Georges Dor qui signa *La Manic*, cette complainte qui, pendant des années, tournera dans toutes les stations radiophoniques...

> *Si tu savais comme on s'ennuie*
> *À la Manic*
> *Tu m'écrirais bien plus souvent*
> *À la Manicouagan*
> *Parfois je pense à toi si fort*
> *Je récrée ton âme et ton corps*
> *Je te regarde et m'émerveille*
> *Je me prolonge en toi*
> *Comme le fleuve dans la mer*
> *Et la fleur dans l'abeille*
>
> *Que deviennent quand j'suis pas là*
> *Mon bel amour*

Ton front doux comme fine soie
Et tes yeux de velours
Te tournes-tu vers la Côte-Nord
Pour voir un peu pour voir encore
Ma main qui te fait signe d'attendre
Soir et matin je tends les bras
Je te rejoins où que tu sois
Et je te garde

Dis-moi c'qui s'passe à Trois-Rivières
Et à Québec
Là où la vie a tant à faire
Et tout c'qu'on fait avec
Dis-moi c'qui s'passe à Montréal
Dans les rues sales et transversales
Où tu es toujours la plus belle
Car la laideur ne t'atteint pas
Toi que j'aimerai jusqu'au trépas
Mon éternelle

Nous autres on fait les fanfarons
À cœur de jour
Mais on est tous de bons larrons
Cloués à leurs amours
Y'en a qui jouent de la guitare
D'autres qui jouent d'l'accordéon
Pour passer l'temps quand y'est trop long
Mais moi je joue de mes amours
Et je danse en disant ton nom
Tellement je t'aime

Si tu savais comme on s'ennuie
À la Manic
Tu m'écrirais bien plus souvent
À la Manicouagan

Si t'as pas grand chose à me dire
Écris cent fois les mots « Je t'aime »
Ça fera le plus beau des poèmes
Je le lirai cent fois
Cent fois cent fois c'est pas beaucoup
Pour ceux qui s'aiment

Si tu savais comme on s'ennuie
À la Manic
Tu m'écrirais bien plus souvent
À la Manicouagan

Un souffle nouveau

Le monde du travail, enfin, peut reprendre son souffle : le Code du travail est réformé en 1964 de telle manière que la syndicalisation s'en trouve facilitée. Victoire majeure : le gouvernement reconnaît aux employés du secteur public le droit à la syndicalisation et, après un moment d'hésitation, leur reconnaît aussi le droit de grève. Les femmes, jusqu'alors très minoritaires dans le mouvement, y prennent une place de plus en plus importante, avec l'entrée du secteur public dans le mouvement.

8 mars à... deux faces !

Voici deux histoires : une fausse, que la majorité des gens croient vraie. Et une vraie, peu connue.

La fausse : le 8 mars 1857, à New York, une grève d'ouvrières du textile vire au massacre. Au moins une ouvrière meurt sous les coups de la police. Cinquante et un ans plus tard, en 1908, toujours à New York, nouvelle manifestation de femmes grévistes du textile et nouvel affrontement avec la police.

En 1910, à Copenhague, le congrès de la 2e Internationale socialiste accueille la proposition militante de Clara Zetkin et proclame le 8 mars Journée internationale des femmes, en souvenir de ces grèves violentes du 8 mars 1857 et 1908.

L'ennui, c'est que ni le 8 mars 1857 ni le 8 mars 1908 il n'y eut de grèves des ouvrières du textile à New York ! Ni donc de répression policière, ni donc de gréviste morte...

Voici la vraie : dans les années 1900, aux États-Unis, des féministes avaient pris l'habitude d'organiser, au printemps, une petite fête des Femmes. Elles appelaient ça leur *Woman's Day*. Elles y revendiquaient notamment le droit de vote et dénonçaient « l'esclavage sexuel des femmes ».

C'est ce *Woman's Day* pas socialiste pour deux sous que les socialistes européennes, peut-être un peu envieuses, chipèrent aux féministes états-uniennes, en prenant soin de lui ajouter une coloration ouvriériste et, à cette fin, d'y accoler des grèves violentes qui n'eurent jamais lieu! Mais à l'époque, comme l'Europe et l'Amérique étaient bien éloignées l'une de l'autre, avait beau mentir qui venait de loin.

Tout compte fait, l'histoire se termine assez bien puisque la fête du 8 mars existe bel et bien, et c'est ce qui importe. Quant au pieux mensonge qui en est à l'origine, on peut toujours en rire maintenant qu'il est mis au jour et que les menteuses sont parties[77]!...

Montée du syndicalisme mais aussi radicalisation. De 1961 à 1966, le nombre de membres passera de 350 000 à 663 000.

Au même moment se multipliaient des *comités de citoyens*, des organisations politiques, dont le Front de libération du Québec (FLQ) qui signait ses premières bombes avant de procéder aux enlèvements que l'on sait, un Front de libération des femmes (FLF), bref, l'atmosphère était enfiévrée, survoltée.

Le gouvernement en viendra rapidement à ne plus suivre pareil rythme et tentera de freiner cette révolution «*tranquille*» qu'il arrivait de plus en plus mal à contrôler et à maintenir... *tranquille*. Opération difficile: plus les milieux d'affaires pressaient le gouvernement de freiner les débordements, plus les grèves, au contraire, se multipliaient, plus les manifestations succédaient aux manifestations.

Cette vigueur et ce militantisme culmineront en avril et mai 1972, quand 210 000 employés du secteur public se mettront en grève et que le gouvernement ripostera en

---

77. Source: Renée Côté, *La journée internationale des femmes*, Montréal, Remue-ménage, 1984.

emprisonnant les leaders des trois centrales syndicales, plus quelques dizaines de militantes et de militants.

Dans les heures qui suivront leur emprisonnement, un vent de révolution moins *tranquille* soufflera sur tout le Québec qui, pendant quelques jours, frôlera l'anarchie : aux quatre coins du territoire, des stations de radio, des usines, des établissements publics, des journaux, des villes même, seront occupés par des grévistes et des routes seront bloquées.

Puis, petit à petit, le calme reviendra et, dans un mélange de déception et de fierté, la vie reprendra son cours.

Nous ne le saurons que plus tard, mais cette fois, après la fièvre de la *Révolution tranquille*, c'est le *néolibéralisme*, qui ne portait pas encore ce nom, qui venait de mettre le pied dans la porte.

Il n'allait pas le retirer.

CHAPITRE 7

L'ASSAUT NÉOLIBÉRAL : LA MONDIALISATION SAUVAGE

> *Je définirais la mondialisation comme la liberté pour mon groupe d'investir où il veut, le temps qu'il veut, pour produire ce qu'il veut, en s'approvisionnant et en vendant où il veut, et en ayant à supporter le moins de contraintes possibles en matière de droit du travail et de conventions spéciales.*
>
> PERCY BARNEVIK[78]

On ne sait pas ce que ce monsieur Barnevik avait fumé avant de se laisser aller à cette grossière confidence... On ne sait pas, non plus, s'il regrette d'avoir tenu un discours aussi cow-boy, mais en tout cas, il n'a pas eu peur des mots : un chat est un chat, et la mondialisation, c'est : *tassez-vous, me v'là !*...

---

78. Président de la multinationale ABB spécialisée en électronique et métallurgie. Cité dans Georges Menahem (dir.), *Enquête au cœur des multinationales*, Paris, Éditions Mille et une nuits, 2001, p. 9.

Chose certaine, la mondialisation grossière et sauvage dont il rêve et qu'il décrit avec tant de clarté est très exactement celle qu'il faut bloquer à tout prix, pour la remplacer par une mondialisation *autre*, une *alter*mondialisation, bâtie au profit de la population mondiale et non sur son dos.

TOUT POUR NOUS! RIEN POUR VOUS!

LA MONDIALISATION SELON PERCY BARNEVIK!

La mondialisation sauvage actuelle est celle des pays riches et des multinationales. C'est *leur* mondialisation, et elle n'est pas tombée du ciel comme la manne dans le désert : ils l'ont pensée, mijotée, organisée, voulue et concrétisée ! Cette mondialisation n'a donc rien de *fatal* ou de *naturel*, puisqu'elle a été construite de main humaine. Elle peut donc être déconstruite de la même façon. Et reconstruite… *à notre image et à notre ressemblance* !

Et c'est le temps qu'on s'y attelle : l'*alter*mondialisation a… 30 ans de retard ! À cette époque, en réaction à l'effervescence qui avait conduit aux États-providence, les leaders économiques et politiques les plus importants de la planète unissent discrètement leurs forces et imaginent des moyens de calmer le jeu et de faciliter un peu partout dans le monde, y compris par la force, le retour vers un capitalisme intégral. Facile, dans un sens, pour eux, de se concerter : une couple de dizaines de grands brasseurs d'affaires multinationales, plus une douzaine de leaders politiques poids lourds et vous avez là une force véritablement écrasante !

Davos…

Est-ce un hasard ? Ou de la paranoïa ?… Toujours est-il que c'est en 1971 – la date n'est pas sans importance… – que les capitalistes grand teint de la planète inventent le *Forum économique mondial de Davos*, en Suisse, au cœur du royaume des banques ! Station de villégiature ultra cossue, Davos, logée dans les Alpes, est la ville la plus haute d'Europe.

Qui sont les participants de ce *Forum* qui a lieu annuellement depuis bientôt 40 ans ? Les patrons des plus grandes entreprises et les leaders politiques les plus importants du monde. Des gens qui, pour se faire entendre, n'ont pas besoin de descendre dans les rues avec des pancartes, de crier des slogans et de *pitcher* des cailloux à la police. Ils sont entre eux, argent et politique, et ils n'ont qu'à se parler autour d'un verre… La police et l'armée les protègent.

Que font-ils à Davos ? Ils échangent des idées, des projets, des plans… Ils conviennent d'accords. Ils se familiarisent les uns avec les autres. Pendant une semaine, ils se reçoivent et causent de manière informelle : pas de procès-verbal, pas de rapport officiel. On est entre soi, on s'entretient des *affaires* du monde. Ils tissent et bâtissent ainsi, année après année, *leur* mondialisation.

Et, dans toute la mesure de leurs moyens – et ils sont grands –, ils l'imposent à la planète.

De temps à autre, des leaders politiques moins importants – ceux du Québec par exemple – se montrent aussi le nez à Davos. Ils vont y faire étalage de leur allégeance et tenter de dégoter des investissements… L'occasion est alors belle, pour les investisseurs courtisés, de causer détails : impôts, taux de syndicalisation dans le pays, salaire minimum, etc.

... la Trilatérale...

Deux ans après la création du *Forum* de Davos, en 1973, une autre bande de bienfaiteurs de l'humanité, rassemblés autour de «prolétaires» comme David Rockefeller et Henry Kissinger, accouchent très discrètement de la *Trilatérale* (Amérique du Nord, Europe et Asie). L'organisation existe toujours et regroupe de 300 à 400 grands noms des affaires – parmi lesquels une quinzaine de Canadiens – et de la politique, à commencer par le président et les ex-présidents des USA... Plus discrète que le *Forum* de Davos, la *Trilatérale* ne s'en intéresse pas moins au destin de la planète. Elle commande des études, tient des réunions, échange des points de vue sur la marche de l'humanité. Elle s'intéresse au développement du libre marché, à l'abolition des frontières, aux grandes politiques énergétiques et, à n'en pas douter, au déclenchement et à la poursuite des guerres... Bref, à la mondialisation... Le tout, bien sûr, comme à Davos, pour notre plus grand bien à toutes et à tous !

Une dernière, toute fraîche : au moment même d'écrire ces lignes se réunissent en un sommet, au Mexique, et il n'y a rien là que de très normal, les chefs du Canada, des États-Unis et du Mexique. Dans le journal de ce jour[79], on lit donc que *Stephen Harper rencontrera Vincente Fox et George W. Bush au cours d'une rencontre à trois ce matin pour*

---

79. *Le Devoir*, 31 mars 2006.

clore ce sommet. Fort bien, mais on lit ensuite cette phrase : *Une délégation de 15 chefs d'entreprise (cinq de chaque pays) se joindra éventuellement à eux. L'idée consiste à étudier des moyens de faciliter les liens commerciaux entre les trois pays. [...] On songe même à régulariser la tenue de ce genre de rencontre, une sorte de comité-conseil de grandes entreprises.*

Ainsi donc, 15 chefs d'entreprises multinationales, réunis autour de Bush, Fox et Harper ! Parmi eux, un Paul Desmarais (Power Corp), des banquiers (Nova Scotia), des commerçants (Home Depot), etc. Autrement dit, trois chefs d'État élus et 15 brasseurs de grosses affaires, que personne n'a élus et qui ont de très lourds intérêts particuliers à défendre, sont réunis pour discuter de *notre* avenir, de l'avenir du continent nord-américain.

Dans toutes ces bulles feutrées, on aura noté qu'il n'y a pas beaucoup de Vivian Labrie[80] !...

Le *Forum social mondial*

En réplique au *Forum* de Davos et aux autres *Trilatérales* connues et inconnues, mais... 30 ans plus tard, en 2001, naissait cette fois le *Forum social mondial.* Il allait connaître, dès sa première année, à Pôrto Alegre, au Brésil, un succès planétaire. D'un style quelque peu anarchique, il regroupe non pas quelques *happy few* soigneusement triés sur le volet, mais des milliers de personnes, issues de groupes politiques, syndicaux, coopératifs, communautaires... Des Verts, des végétariens, des pacifistes, des défenseurs des animaux... Bref, un monde coloré, vivant, diversifié, venu de partout sur la planète.

---

80. Porte-parole du Collectif anti-pauvreté.

Le succès fut tel que, dans les années qui suivirent immédiatement sa fondation, le Forum a immigré dans d'autres villes du monde, en Afrique, en Asie… Les personnes participantes, qui n'ont rien à voir avec les millionnaires de Davos et de la Trilatérale, y séjournent souvent sous la tente, chez l'habitant ami, dans une petite auberge accueillante… On y discute de tout, parfois de manière cacophonique, mais s'y créent, et c'est l'important, des solidarités intercontinentales.

Quelque peu dépassé qu'il est par son succès, le *Forum social* en est maintenant à se redéfinir. Chose certaine, disait l'un de ses cofondateurs et principaux artisans, Bernard Cassen, de passage au Québec en mars 2006, ce forum aura permis l'émergence d'une véritable *conscience planétaire*. Reste à traduire cette *conscience* en action politique efficace et en riposte directe à Davos, à la Trilatérale et autres organismes semblables.

L'explosion libérale

Entre-temps, les grandes forces libérales continuent de prendre place et de s'imposer. Surtout depuis la chute du mur de Berlin, en 1989, puis la transformation de la grande *Union des républiques socialistes soviétiques* (URSS) en une Russie livrée, corps et âme, au capitalisme le plus débridé.

Un peu partout, les frontières se sont effritées, à la

faveur de signatures de traités de libre-échange. Le Canada, en signant avec les États-Unis et le Mexique l'*Accord de libre-échange nord-américain* (ALENA), en vigueur depuis 1994, a accès à un *marché* (désormais, on ne parle plus de *populations*, on parle de *marchés*…) de près de 400 millions d'êtres humains. Des accords de ce genre furent signés un peu partout autour de la planète, en vue d'éliminer progressivement les douanes et de paver la voie au marché libre.

Aussitôt, parce que les Davos les y avaient préparés, les croisés du capitalisme, comme autant de chiens renifleurs lâchés *lousse* dans la nature, se sont lancés sur ces routes fraîchement ouvertes. Ils ont recherché – et vite trouvé – les pays et les territoires où la main-d'œuvre ne coûte pas cher et est docile, où les réglementations sont faibles, où les impôts sont bas, où l'environnement ne fait pas l'objet d'une trop sévère protection et où, bien évidemment, il n'y a pas de syndicats !

La *menace* communiste étant à peu près disparue, les moyens de communication et de transport étant plus rapides et abondants que jamais, les douanes étant souvent carrément abolies et les technologies étant de plus en plus raffinées, les apôtres du capitalisme, des usines plein les bras, bien soutenus par un personnel politique accueillant, pénétrèrent dans les pays pauvres comme dans du beurre mou ! Ce fut littéralement – et c'est encore pour eux – bar ouvert ! *Sky is the limit*… parce que, hélas !, les endroits comme ceux qu'ils recherchent, où les gens sont prêts à travailler comme des forçats pour une bouchée de pain, il y en a plein.

Alors, du monde en ligne pour demander un emploi, à n'importe quelle condition, ça ne manque pas !

Et qui donc sont ces entreprises capitalistes qui ont des usines à roulettes attirées par les pays pauvres ? Souvent de très grandes entreprises multinationales, de très bonne réputation, d'origine états-unienne, européenne, canadienne, et même, eh oui !, québécoise.

Au Mexique, les usines sont des *maquiladoras*, ou *maquilas*. Ce sont des usines instantanées, installées en territoire mexicain, mais collées à la frontière des États-Unis. Elles traitent généralement leurs employés, surtout des femmes sous-payées, comme quantités négligeables. Ces usines reçoivent des pièces des États-Unis, les assemblent et, sous forme de produits finis, les y retournent aussitôt.

On trouve ce genre d'usines, maintenant, dans presque tous les pays pauvres qui rivalisent les uns avec les autres dans l'espoir d'obtenir la venue de l'une ou l'autre de ces entreprises à roulettes : quand les conditions se font plus exigeantes dans le pays X, elles déménagent dans le pays Y, puis Z, s'arrêtant là où les conditions leur sont les plus favorables.

Présenté comme un «mal nécessaire» pour réduire le chômage et renforcer le tissu industriel au Mexique, le secteur des maquiladoras attire des marques comme Sony, Levis, Gap, Polo, Ralph Lauren et Calvin Klein. Mais il n'a pas résolu les problèmes d'emploi du pays. À partir de l'entrée en vigueur de l'ALENA (Accord de libre-échange nord-américain Canada-Mexique-États-Unis), en 1994, le secteur a bénéficié d'une longue période d'expansion. Mais, à partir de 2001, il a été frappé par la pire crise de son histoire : environ 545 maquiladoras ont quitté le

Mexique pour la Chine ou l'Amérique centrale», rapporte *le Courrier international*[81].

Partant ainsi chercher fortune ailleurs, chez les pauvres encore plus pauvres, ces usines laissent en plan des personnes qui, n'ayant plus ce tout petit peu sur lequel elles comptaient, font face au vide…

«*L'enfer*» de Francisco

(México) – Francisco Jiménez Flores a 28 ans et il en a déjà passé plus de quatorze à travailler dans les *maquiladoras*. Il a commencé à l'âge de 12 ans comme manœuvre dans un atelier textile de Tehuacan, où l'industrie *maquiladora* est implantée depuis plus de trente ans. Francisco n'a jamais eu de vacances […] et ne possède pas de couverture sociale. Les accidents de travail dont il a été victime lui ont fait perdre son emploi et il a dû payer de sa poche tous les frais médicaux.

Le jeune homme est aujourd'hui père de trois enfants. Son revenu moyen est de 900 pesos par semaine (103 dollars). Pour l'obtenir, il doit polir à la main quotidiennement 700 pantalons en denim afin de leur donner une finition «mode» et, avec un peu de chance, toucher 1,10 peso (12 sous) pour chaque vêtement empaqueté.

Francisco n'est pas allé jusqu'à la fin de l'école primaire car, explique-t-il, *les patrons nous ont dit qu'il y aurait toujours du travail, pour nos parents, nos enfants*

---

81. «Piégé dans l'enfer des "maquiladoras"», *Courrier international*, n° 795, du 26 janvier au 1er février 2006.

> *et   nos petits-enfants. Mais ce n'était pas vrai : aujour-*
> *d'hui, on travaille à peine trois jours par semaine, on doit*
> *faire encore plus de pièces et on gagne de moins en moins*[82].

Après l'usine, les services

Jusqu'à récemment concentré dans le secteur manu-facturier, le déménagement des entreprises vers les pays à bas salaires frappe maintenant de plus en plus le secteur des services et les emplois dits professionnels. Ce ne sont plus seulement les emplois de *cols bleus*, mais aussi ceux de *cols blancs* qui déménagent.

L'hémorragie est généralisée : en 2003, par exemple, la banque britannique HSBC annonçait, d'un seul coup, le transfert de 4 000 emplois vers l'Inde ! C'était alors *la plus grande délocalisation de l'histoire*[83]. Et le journaliste d'ajou-ter que la firme Forrester Research prédisait, pour sa part, *une perte de 3,3 millions d'emplois étasuniens de cols blancs au profit de l'Asie, principalement de l'Inde, d'ici 10 ans.*

Mars 2006, l'Organisation internationale du travail (OIT) constate que *de plus en plus de postes délocalisés sont hautement qualifiés*[84]. Elle ajoute : *la mondialisation* […] *détruit et crée des emplois, mais pas au même endroit ni dans le même secteur, pas pour les mêmes travailleurs et, de plus en plus fréquemment, pas dans le même pays.*

Ce qui fait une belle jambe, comme on dit, à qui perd son emploi !…

---

82. *Ibid.*
83. « 1-800-Allo-l'Inde », par J.-F. Lisée, dans *L'actualité*, mars 2004.
84. *Délocalisations et suppressions d'emplois*, site Internet OIT, mars 2006.

Le Québec n'est pas une île...

L'effet de la mondialisation néolibérale se fait aussi sentir directement au Québec, même si le sort qui nous est fait n'a rien de comparable avec celui qui afflige nos frères et sœurs des pays du tiers-monde, fournisseurs du *cheap labor*. Il serait d'ailleurs déplacé, pour ne pas dire indécent, de tenter d'établir pareille comparaison : les échelles ne sont pas du même ordre.

Cela dit, ici comme dans les autres pays industrialisés, les effets négatifs de la mondialisation actuelle se sont surtout fait sentir, à ce jour, dans le secteur dit *secondaire*, ou manufacturier. Ce secteur regroupe, au Québec, un peu plus de 22 % de la main-d'œuvre. Ce pourcentage est assez stable ou alors en très faible croissance. Cette stabilité positive est largement attribuable au secteur de la construction qui a l'énorme avantage de pouvoir difficilement être délocalisé !

Par contre, dans le même secteur dit *secondaire*, comme on l'a vu dès les premières pages de ce livre, il y a l'industrie du vêtement : de 2001 à 2005, au Québec, alors que le vêtement échappait à tout frais de douane, le nombre d'emplois a été coupé en deux, passant *grosso modo* de 100 000 à moins de 50 000. Pourquoi ? Le salaire : en 2000, par exemple, il était de 2,20 $ l'heure au Mexique, de 0,69 $ en Chine et de... 0,32 $... en Indonésie ! Au Québec, dans le meilleur des cas, il était d'un peu plus de 14 $ l'heure.

Pour ce qui est du secteur *primaire* (agriculture, forêts, mines et pêche), tout important soit-il, il ne représente qu'à peine un peu plus de 2% du total des emplois : les technologies ont, dans ce secteur, quasi éliminé la main-d'œuvre.

C'est dans le secteur *tertiaire*, aussi appelé secteur des *services*, que le Québec, comme l'ont fait et le font tous les pays industrialisés, a mis vraiment tous ses œufs. Une statistique officielle en dit long : *plus de 90% des emplois créés entre 1999 et 2004 l'ont été dans le secteur tertiaire*[85] : le commerce de détail, les banques, la restauration, l'hôtellerie, les communications, les assurances, le secrétariat, les services de santé, de loisirs, la comptabilité, l'informatique, etc. Au total, plus de 75% des emplois, au Québec, se trouvent dans ce secteur qui, se développant, a contribué puissamment à l'exode des jeunes vers les grands centres. Rien de plus normal : les emplois de service ont, sauf exceptions, tendance à se regrouper là où il y a des concentrations importantes de population : grandes firmes de comptabilité, entreprises d'informatique, grands hôpitaux, hôtels et restaurants, réseaux de communications… se retrouvent dans les villes et non à la campagne etc.

Or, ce secteur *tertiaire,* au Québec comme ailleurs, est maintenant lui aussi, et de plus en plus, dans la mire des délocalisateurs. Dans ce seul secteur, *la délocalisation coûtera 91 000 emplois au Québec,* d'ici la fin de la décennie, titrait un journal universitaire qui rapportait des cas récents de transferts d'emplois québécois vers des pays fort lointains. Ce qui donne lieu à des histoires parfois surprenantes…

---

85. Ministère de l'Emploi et de la Solidarité sociale, *Les chiffres-clés de l'emploi au Québec, 2005.*

Ce sont désormais des employés indiens qui traitent les plaintes des voyageurs d'Air Canada lorsque ceux-ci égarent leurs valises entre Montréal et Toronto; la firme SNC-Lavalin confie maintenant à sa filiale indienne des contrats naguère attribués à des ingénieurs québécois; Bombardier Transport sous-traite également dans ce pays des travaux d'ingénierie; et Canam y fait dessiner des poutrelles d'acier. En Chine, le concepteur de jeux vidéo Ubisoft possède un centre de développement qui rivalise avec celui de Montréal! Comme le dit M. Martin, «c'est une nouvelle phase de la mondialisation qui rend vulnérables les gens qui étaient jusqu'alors à l'abri[86].

Au printemps 2006, CGI, la grande firme québécoise d'informatique, réduisait son personnel au Québec mais l'augmentait en Inde où elle est implantée depuis plusieurs années. Les motifs? Toujours les mêmes: la rentabilité maximale. La concurrence. Le fric. En 2005, le *coût annuel d'un concepteur de puces électroniques* était, en dollars états-uniens, de 300 000 aux États-Unis, de 150 000 au Canada, de 75 000 en Irlande, de 30 000 en Inde et de 24 000 en Chine[87]!...

Ces délocalisations ne sont pas sans effets sur notre société. À commencer par la précarisation des emplois.

La précarité

La fragilité de l'emploi et la menace constante des délocalisations fournissent aux employeurs des arguments

---

86. *Forum Express, La délocalisation coûtera 91 000 emplois au Québec,* rapport sur une étude de Pierre Martin, professeur à l'Université de Montréal, et Christian Trudeau, doctorant en sciences économiques, février 2006.
87. *L'Atlas,* Le Monde diplomatique, 2006, p. 94-95.

puissants pour réclamer de leur personnel – et souvent les obtenir! – des concessions de plus en plus grandes. On connaît leur jargon, il est tout ce qu'il y a de stéréotypé : ils réclament une *marge de manœuvre*, de la *souplesse*, de la *flexibilité*, de la *polyvalence*... Ce discours débouche généralement sur une proposition d'allongement de la semaine de travail, de gel, voire, quand ils sont de bonne humeur, de réduction des salaires!

Dans un de ses monologues, Yvon Deschamps évoque la sécurité qui vient avec «*une job steady puis un bon boss*». Aujourd'hui, tout indique que cette *job steady* existe de moins en moins. Pour accroître leur rentabilité, les entreprises privilégient de plus en plus le personnel à temps partiel, les contrats à durée limitée, le travail autonome, à domicile, le télétravail, bref, toutes les formes de travail dites atypiques, étrangères au type de travail traditionnel effectué pour une même entreprise, sur une base permanente, avec un salaire fixe.

Les 20 ans d'Annie et de Robertino
(Montréal, 2006)

Annie Nguyen : taille moyenne, yeux doux d'une couleur indéfinissable, cheveux ébène, avec des reflets parfois bleus et quelques mèches blondes. A déjà porté, mais plus maintenant, un anneau dans le nombril. Aimable, elle ne se laisse toutefois pas piler sur les pieds, surtout en matière d'environnement. Elle devient alors intraitable! Elle est fille d'une Haïtienne pourchassée par les tontons-macoutes de Duvalier et réfugiée au Québec, et d'un Vietnamien en fuite, un de ces réfugiés qu'on a appelés les *boat-people*.

Métier d'Annie : graphiste. Sans emploi à temps plein. Se dit travailleuse autonome involontaire et vit sur la corde raide, jamais très sûre du lendemain, toujours un peu angoissée... En veut aux baby-boomers.

Robertino Tremblay : taille moyenne, yeux dont la couleur varie selon le temps et son humeur. Chevelure potentiellement abondante et de couleur inconnue puisque rasée au sol. A déjà porté, mais plus maintenant, un anneau dans le nez. En garde un à l'oreille gauche.

Fils gaspésien d'un fonctionnaire canadien-français et d'une couturière d'origine italienne. Déménagé en ville en quête d'un emploi introuvable dans sa région.

Métier : cameraman. Actuellement, pigiste. A déjà travaillé à temps plein. Récemment mis à pied de Télé-Québec pour cause de « *rationalisation* ». Trouve cela irrationnel et très *chiant!* [*Excusez le mot, mais c'est de lui!...*]

Vont-ils vivre ensemble ? Se marier ? Vivre heureux et avoir beaucoup d'enfants ?.... On n'en sait rien encore : leur histoire commence. Devant eux, la page blanche d'un millénaire encore tout neuf.

Au Québec, depuis une trentaine d'années, tous âges confondus et avec des variations annuelles selon que l'économie va bien ou mal, ce travail atypique *compte encore pour un peu plus du tiers des emplois*[88].

L'entreprise ne déteste pas miser sur ce genre d'emplois : il est tellement plus facile, pendant les périodes creuses, de se défaire des *pigistes, contractuelles, précaires* ou *sous-traitants...* que de son personnel permanent !... Sans compter que ces travailleuses et travailleurs doivent souvent fournir eux-mêmes leur équipement de travail, que ce soit une pelle mécanique, un ordinateur, un camion, un télécopieur ou un local.

Précarité et, comme on le verra, maigre salaire minimum, donnent de douloureux résultats : en mai 2006, on apprenait que, même en travaillant, *40 % des travailleurs montréalais gagnent moins de 20 000 $* par an, selon une étude du Forum régional sur le développement social de l'île de Montréal[89]. Et pourquoi en est-il ainsi ? Voici ce qu'en dit le journal, en résumant l'étude :

88. Jean Bernier *et al, Les besoins de protection sociale des personnes en situation de travail non traditionnelle,* Ministère du Travail du Québec, 2003.
89. *Le Devoir,* 2 mai 2006.

La détérioration des conditions de vie des travailleurs au bas de l'échelle est perçue comme l'une des résultantes de la libéralisation des marchés. Dans leur recherche d'une main-d'œuvre flexible, afin de répondre aux normes de la concurrence mondiale, les entreprises ont engendré une classe d'exclus qui ont pourtant du travail. La recrudescence du travail atypique (à temps partiel ou à contrat) a plus que doublé entre 1976 et 2001, dans l'ensemble de la province, pour représenter maintenant le tiers de tous les emplois. Selon le calcul du Forum, le recours aux emplois atypiques prive entre 313 000 et 376 000 travailleurs (toujours au Québec) de la protection et des avantages auxquels ils auraient droit.

Cerise sur le *sundae*, les grands ténors de la mondialisation actuelle ont le culot de nous dire, devant cette réalité incontestable, que leur néolibéralisme est un système nouveau, porteur d'avenir et de lendemains qui chantent! *Oh yeah?...*

Du nouveau?... Vraiment?...

CHAPITRE 8

LA MONDIALISATION ACTUELLE
OU
AVANCEZ EN ARRIÈRE !...

> *Les inégalités d'accès à l'emploi se sont creusées, entre pays riches et pays en voie de développement, et à l'intérieur même de chacune des nations.*
>
> *L'Atlas*, Le Monde diplomatique, 2006

La mécanique néolibérale, à la source de la mondialisation exploiteuse qui nous afflige, nous est souvent présentée sous les traits de l'innovation. Du progrès. Ses propagandistes nous affirment, sérieux comme des papes écrivant des bulles, que nous ne faisons que traverser des périodes d'ajustement sans doute un peu difficiles, mais que c'est là le prix à payer pour ce changement novateur si nécessaire, et patati et patata... Vrai?...

Faux! De la bouillie pour les chats! Il n'y a ici rien de neuf, puisque le néolibéralisme est, et n'est que, du capitalisme poussé au bout de sa logique. Du capitalisme *extrême*, comme il y a du sport *extrême*. Du capitalisme *sauvage*. Ou encore, du capitalisme lâché *lousse*, la bride sur le cou, dans un paysage… agrandi! C'est le paysage qui a changé. Pas le capitalisme!

Ce système est un retour aux sources du capitalisme le plus brut: la *loi*[90] du *marché*, celle de l'offre et de la demande, prime sur tout. Ce système affirme que toute intervention gouvernementale, ou extérieure au *marché*, vient en fausser le fonctionnement. Ce *marché* doit être tout à fait libre, à l'entière disposition de l'initiative privée et à son profit. Le rôle de l'État se résume alors, idéalement, à la police, à l'armée et aux pompiers. Quant au reste, c'est au plus fort et au plus fin finaud la poche.

Les grands objectifs du Québec capitaliste: reprivatiser la santé, hausser les frais de scolarité, couper l'assurance-emploi et l'aide sociale… Revenir dans le bon vieux temps, quand tant de gens ne pouvaient ni s'instruire ni se faire soigner, faute d'argent… Dans les pays en développement, les grandes institutions internationales, comme le Fonds monétaire international (FMI) par exemple, n'acceptent d'investir que si les gouvernements de ces pays consentent à confier au privé les grands secteurs publics que sont justement la santé, l'éducation et l'administration de l'État.

Salaire minimum imposé par la loi? Non, parce que ça limite la sainte liberté de commerce, ça brime la *loi* du marché et ça empêche la création d'emplois à petits salaires, ce qui pousse donc des gens vers l'aide sociale.

Des impôts pour financer justement l'aide sociale et l'ensemble des programmes sociaux? Non, plutôt

---

90. Question: qui donc, où et quand, a voté cette *loi*?…

faire confiance à l'initiative personnelle et à la charité publique.

Pour ce qui est des conditions de travail, la mondialisation néolibérale nous ramène à l'époque de la *révolution industrielle*. Le *face lift* que le capitalisme s'est payé n'a rien changé à sa nature profonde, si ce n'est qu'il a rafraîchi son masque : il enrichit les riches, plus que jamais et, plus que jamais, il appauvrit les pauvres.

Comme nouveauté, on a vu mieux!...

Ce que ça donne

L'Atlas 2006 du Monde diplomatique nous apprend que :

- en 20 ans, de 1980 à 2000, la pauvreté s'est accrue dans 19 pays sur 20 ;
- pendant la même période, les 20 % les plus pauvres de la planète ont vu leurs revenus grossir de 8 % ;
- les revenus des 10 % les plus riches se sont alourdis de 69 % ;
- et le 1 % des plus riches a vu sa cagnotte grossir de... 139 %!...

Il nous apprend aussi que :

- 90 % de la population mondiale, soit plus de cinq milliards de personnes, vivent avec moins de 5 000 $ par an!... La moitié d'entre eux, soit 2,5 milliards de personnes vivent avec moins de 2 $ par jour...

Sur le terrain, dans la vraie vie, le néolibéralisme n'a jusqu'à maintenant porté que des fruits pourris :

> *Le nombre de personnes sous-alimentées dans le monde s'élevait en 2002 à 852 millions. En cinq ans, ce chiffre a grimpé annuellement d'environ 4 millions[91]...*

> *En 1980, par exemple, un producteur de café devait vendre environ 4 kilos de café pour pouvoir acheter un couteau suisse. En 2001, il devait en vendre plus du double, soit 10 kilos, pour se procurer le même canif. C'est ce qui s'appelle la détérioration des termes de l'échange[92].*

> *Au milieu d'une économie mondiale de plus en plus prospère, 10,7 millions d'enfants naissent chaque année sans la perspective de fêter leur cinquième anniversaire[93]...*

Etc., etc.

Plus de 200 millions d'enfants de 5 à 14 ans travaillent, selon l'Organisation internationale du travail (OIT). Que font-ils ?

> *Ces enfants fabriquent du gravier en Amérique latine ou creusent les carrières en Afrique subsaharienne. Ces tâches sont souvent dangereuses et bien trop fatigantes pour des enfants[94]...*

> *Le nombre d'enfants des rues est impossible à connaître de manière précise, mais selon des estimations récentes et*

---

91. *L'Atlas, op. cit.*, p. 30.
92. Laure Waridel, *Acheter, c'est voter*, Montréal, Écosociété, 2005, p. 22.
93. Programme des Nations Unies pour le développement (PNUD), *Rapport 2005*.
94. UNICEF, *La situation des enfants dans le monde 2006 : Exclus et invisibles.*

fiables, ils seraient des dizaines de millions dans le monde. [...] Chaque minute, un enfant de moins de 15 ans meurt d'une maladie liée au SIDA. Chaque minute, un autre enfant de moins de 15 ans devient séropositif. Chaque minute, quatre jeunes âgés de 15 à 24 ans contractent le VIH[95].

La majorité des 115 millions d'enfants non scolarisés sont des filles. [...] Moins scolarisées, moins bien nourries, moins bien soignées. [...] En Inde, le taux de mortalité des enfants âgés de 1 à 5 ans est supérieur de 50% pour les filles que pour les garçons. Le sexe est une des principales causes de désavantage au monde[96].

Tels sont quelques-uns des fruits, à ce jour, de cet assaut néolibéral sur l'humanité et de sa guerre contre le développement des États-providence.

En 2000, sous l'égide des Nations Unies, les gouvernements du monde fixèrent en grande pompe ce qu'ils appelèrent les *Objectifs du Millénaire*, à atteindre progressivement avant 2015, à savoir : diminution radicale de la pauvreté, hausse des niveaux d'éducation notamment chez les filles, accès généralisé à l'eau potable, réduction de la faim, soins accrus aux victimes du SIDA, diminution du travail des enfants, etc. Une fois les *Objectifs* annoncés sous les feux des caméras et les applaudissements des médias, chacun rentra chez soi, fier de lui, pour s'occuper de ses petites affaires.

Cinq ans plus tard, en 2005, ils se retrouvèrent, comme prévu, pour faire le point. Leurs spécialistes tinrent ce langage assez cru :

---

95. *Ibid.*
96. PNUD, *op. cit.*

Pour parler franchement, le monde se dirige tout droit vers une catastrophe annoncée au niveau du développement humain, dont les coûts se compteront en décès évitables, en enfants non scolarisés et en occasions perdues de réduire la pauvreté. La catastrophe est tout aussi évitable que prévisible[97].

Pour l'instant, disons que c'est mal enclenché...

Mais ça ne va pas mal pour tout le monde : *les 500 personnes les plus riches du monde ont un revenu combiné plus important que celui des 416 millions les plus pauvres*[98]. Au moins, ça rassure !...

Et ces riches s'enrichissent même à une vitesse fulgurante : la fortune cumulée des 691 milliardaires du monde a presque doublé, en deux ans. De 2003 à 2005, elle est passée de 1 400 à 2 200 milliards de dollars. Et plus de la moitié de cette somme fabuleuse, soit 1 287 milliards, se trouve concentrée dans les mains des 50 plus riches[99]...

À n'en pas douter, ce sont sûrement des gens qui travaillent très très fort pour récolter un tel revenu...

Des avions, des bazookas, des tanks...

Quand l'injustice et l'exploitation sont si énormes et si flagrantes, pas étonnant que la violence s'installe. Violence engendrée par la frustration et, en réaction, violence déployée pour mater les foules, sinon les pays, en colère.

Les chiffres, ici, donnent le vertige. En 2004, en une seule année, le monde flambait, en dépenses militaires,

---

97. *Ibid.*
98. *Ibid.*
99. Voir *L'Atlas, op. cit.*, p. 102.

plus de 1 000 milliards de dollars[100]. À eux seuls, les États-Unis dépensaient 450 milliards, à ce seul chapitre. Les budgets, depuis, continuent de grossir…

Le chiffre est si gros, année après année, qu'on peine à imaginer ce qu'il signifie. Rappelons-nous que 1 000 milliards, c'est mille fois mille millions!… Par jour, c'est tout près de trois milliards, donc trois mille millions! Par jour. Or, d'après l'UNICEF, 75 milliards, une fraction des dépenses militaires mondiales annuelles, 7,5 % seulement, suffiraient à combler tous les *besoins humains fondamentaux de chaque habitant de la Terre*.

Au Canada, et des hausses sont prévues, c'est plus d'un milliard de dollars par mois que l'on flambe ainsi en armes de toutes sortes et en soldats! Autrement dit, plus de 1 000 millions par mois, au moment où, au Canada même, *l'écart entre riches et pauvres ne cesse de s'élargir* et alors que ce pays, pourtant riche, n'arrive même pas *à éradiquer la pauvreté des enfants, comme promis depuis 1989*[101].

Et cela alors qu'au Québec en 2004, selon l'Institut de la statistique du Québec, on comptait 354 600 ménages, regroupant plus d'un demi-million de personnes sans emploi, qui devaient compter sur l'aide sociale pour vivre. Or, *en 20 ans, l'aide sociale a perdu environ 30 % de sa valeur. En 25 ans, le salaire minimum a perdu environ 25 % de sa valeur. Pendant ce temps-là, la fraction la plus riche de la société a accaparé l'essentiel de*

100. *Ibid*, p. 70.
101. *The Leader Post, Regina*, Peter Bleyer, président du Conseil canadien de développement social, 1ᵉʳ octobre 2005.
102. Collectif pour un Québec sans pauvreté.

l'accroissement de la richesse disponible[102].

Peut-être, face à cela, ne serait-il pas mauvais de penser à quelque changement.

Et en cas de changement, y a-t-il vraiment quelqu'un ici qui, sérieusement, voudrait retourner dans *le bon vieux temps*? Retrouver le pic et la pelle, le poêle à bois et la charrette à bœufs?... Et tant qu'à y être, la bonne vieille semaine de 72 heures?...

L'autre choix est clair : il faut changer l'actuelle mondialisation *sauvage,* la retourner *boutte* pour *boutte,* en mondialisation *solidaire*!

Facile à dire... Plus facile à dire qu'à faire?... Peut-être... mais ça se peut!

Chapitre 9

S'armer pour la Justice et…
Changer le monde !

> *À nous de prendre le pouvoir au quotidien afin de construire le monde dans lequel nous souhaitons vivre et que nous souhaitons offrir à nos enfants. Un geste à la fois !*
>
> Laure Waridel[103]

*B*ien commun recherché[104], le titre du petit livre de Françoise David, résume l'essentiel.

Et comment donc trouver ce *bien commun* ? Il n'y a ni formule magique ni poudre de perlimpinpin, mais il y a des outils. De deux sortes : des outils **personnels**, pour assurer sa propre vie et sa capacité de jouer un rôle utile dans la société, et des outils **collectifs**, pour pouvoir défendre et promouvoir l'intérêt commun, être une actrice ou un acteur dans la cité.

---

103. Laure Waridel, *op. cit.*, p. 142.
104. Françoise David, *Bien commun recherché – Une option citoyenne*, Montréal, Écosociété, 2005.

Personnels : Ah ! j'aurais donc dû !...

Quand on parle au conditionnel et qu'on dit *j'aurais donc dû*, c'est qu'on a manqué le train et qu'on est là, planté sur le quai de la gare, les yeux vides, la valise au bout du bras et un juron au bord des lèvres !...

Un peu voleur sur les bords, François Villon, le poète du Moyen Âge, fréquentait la prison de temps en temps. Il volait parce qu'il était toujours cassé : il n'avait aucun métier, il n'était ni apprenti ni compagnon. À dix-huit ou vingt ans, il trouvait ça plutôt agréable de passer ses jours et ses nuits à flâner avec les copines et les copains, mais plus il prenait de l'âge et plus le temps passait, plus les nuits étaient froides et moins il trouvait ça comique... Tellement pas comique qu'il n'arrêtait pas de se plaindre ! Il chialait tout le temps en se frappant le front de son poing fermé : *Ah ! j'aurais donc dû !... Ah ! j'aurais donc dû étudier au lieu de faire le fou, quand j'étais jeune. Je serais moins pauvre, j'aurais moins froid, je serais moins mal pris...*

À force de la répéter et de l'améliorer, sa plainte est finalement devenue un poème célèbre. Écrit en vieux français, forcément. Le joual, à l'époque, n'était pas très utilisé en France :

Hé ! Dieu, si j'eusse étudié
Au temps de ma jeunesse folle
Et à bonnes mœurs dédié
J'eusse maison et couche molle
Mais quoi ? Je fuyais l'école
Comme fait le mauvais enfant
En écrivant cette parole
À peu que le cœur ne me fend

Les temps ont changé. Si Villon avait vécu dans le Québec d'aujourd'hui, au lieu de se lamenter en vers de huit pieds, il aurait pu retourner aux études *et* écrire ses poèmes ou ses chansons. Et même, toucher des droits d'auteur. On peut maintenant, en même temps, travailler *et* étudier, si jamais, pour des raisons impérieuses, il faut absolument gagner de l'argent rapidement.

Et étudier, si c'est pour apprendre le métier qui nous attire le plus, c'est tout, sauf ennuyant! L'essentiel, il est là: choisir un métier qui nous tente. Un métier qu'on aime pour lui-même et pas juste parce qu'on pense que ça sera super payant dans l'avenir. Un travail a beau être super payant, si on l'aime plus ou moins, on n'y excellera pas et on risque fort d'y être malheureux comme une pierre, sinon malade, parce que quand on n'aime pas sa job, quand on la trouve *plate* à mourir, le temps paraît long longtemps, *la lu ron don dai.* Une éternité. Et l'éternité, c'est long. Surtout vers la fin, précise le poète.

Autrement dit, on peut être informaticienne ou magicien, vendeur ou chanteuse d'opéra, peintre, médecin, menuisière, poseur de tapis ou infirmière, peu importe… L'essentiel est d'aimer son boulot. Son métier. Sa profession. Sa technique. Son art. Sa technologie. Choisir ce qu'on aime, c'est la seule façon de se réaliser soi-même et d'exceller. D'avoir une niche qui nous plaise. Un point d'ancrage à partir duquel il est possible de foncer et de mordre dans la vie, de *tomber en amour* et de rêver d'avenir en le bâtissant. À cet égard, le sourire engageant de Julie Payette, tournant dans sa *niche*-capsule spatiale autour de notre petite planète bleue, en dit assez long! Comme en dit long le sourire de l'ébéniste qui, ayant terminé un travail, prend un peu de recul pour en vérifier la perfection.

Pour en arriver à ce métier souhaité, il n'y a pas vingt mille chemins : il y en a un et un seul, c'est celui qui nous donne la formation nécessaire pour l'exercer. Cette formation peut passer, selon les cas, par le cégep… ou par le secondaire V… ou par un DEP qui ouvre la voie vers le métier choisi… ça peut être l'université… ça peut être des cours du soir… Le choix est large et c'est un privilège extraordinaire qui est là, à notre portée.

C'est plate à dire, le slogan est usé à la corde, mais il demeure vrai : « *Qui s'instruit s'enrichit* ». La preuve ? Très simple : prenez le globe terrestre, tracez une croix rouge sur les pays les plus riches, puis une croix bleue sur les pays où les gens sont les plus largement instruits : ce sont les mêmes, à de très rares exceptions près !

Juste pour avoir une idée : en 2004, au Québec, 8 % des personnes qui avaient un secondaire V étaient en chômage. Ce qui était, en gros, le taux moyen de chômage au Québec. Par contre, les personnes qui avaient moins de neuf ans de scolarité étaient deux fois plus en chômage : 16 % d'entre elles étaient sans emploi. Et 16 %, c'est beaucoup[105]. Ça donne une belle et triste chanson par les Colocs, mais…

> *Bon Yeu, donne-moi une job*
> *N'importe laquelle f'rait mon affaire*
> *N'importe où, n'importe quand*
> *Pour me sortir de mon calvaire*
> *Bon Yeu, donne-moi une job*
> *J'envoie mon CV à saint Pierre*
> *Parlez-y d'moi si vous voulez*
> *Un pourcentage sur mon salaire*

---

105. Ministère de l'Emploi…, *op. cit.*

Pis si jamais tu m'donnes une job
Tu me r'verras à l'église
À g'noux devant l'curé
Bon Yeu, laisse-moi pas tomber!

ALAN LORD, ANDRÉ *DéDé* FORTIN,
Les Colocs

Le Congrès du travail du Canada (CTC), qui en connaît un bout là-dessus, prévoit pour sa part que, bientôt, il faudra plus que les études secondaires:

> *L'éducation post-secondaire est un facteur de plus en plus important pour avoir accès à des emplois relativement bien rémunérés, offrant la sécurité et des occasions d'avancement. Les jeunes travailleuses et travailleurs qui ont décroché du secondaire ou qui n'ont qu'un diplôme d'études secondaires risquent de plus en plus de se retrouver au chômage ou de ne pouvoir trouver que des emplois très faiblement rémunérés, sans avenir*[106].

Cela dit, les nouvelles sont meilleures qu'elles l'ont déjà été: les jeunes de 15 à 24 ans, surtout les filles, s'instruisent plus qu'auparavant. En 1984, 46% des garçons fréquentaient l'école. En 2004, la proportion est de 56,6%. Chez les filles, ce pourcentage est passé de 44% à 64%.

Et puis, n'oublions surtout pas qu'il y a du plaisir qui vient avec l'instruction et les agréments qu'elle nous offre... Quand tu as deux longues heures à perdre dans une

---

106. Andrew Jackson, *Plus scolarisés, mal payés et sous-employés: portrait statistique des jeunes travailleuses et travailleurs du Canada*, Rapport de recherche, CTC, www.congresdutravail.ca, juillet 2005.

salle d'attente, dans l'autobus ou dans le train, qu'est-ce qui est le plus intéressant : se ronger les ongles d'ennui les yeux au plafond ou lire un roman policier *capotant* qui te donne la chair de poule, ou une revue politique, ou un magazine sur Internet ?... Demandez-le à Jacques Demers[107] !... Il a réussi sa vie professionnelle, oui, et comment !, mais au prix de quelle ténacité, de quelles prouesses diverses, de quels incessants efforts surhumains !...

Collectifs

Sur un autre plan, si l'on veut se défaire des exploiteurs et changer le monde, autant s'équiper un peu ! Crûment dit, les tyrans, les monarques, les prédateurs de tout acabit qui s'empiffrent à nos dépens, notamment grâce à leur mondialisation sauvage, ne lâcheront pas prise à moins de... les y aider un peu !

On a vu que les délocalisations des entreprises, des pays industrialisés vers les pays pauvres, se faisaient dans des conditions telles qu'elles pénalisent tant les populations des pays pauvres que celles des pays riches. Les seuls qui en tirent profit sont les actionnaires des entreprises, puisque ces entreprises jouent les travailleurs du sud contre les travailleurs du nord, et tirent, dans leur seul intérêt, les marrons du feu.

---

107. Mario Leclerc, *Jacques Demers. En toutes lettres*, Montréal, Stanké, 2005.

Comprenons-nous bien: il ne s'agit pas de s'opposer à une meilleure distribution du travail sur la planète, surtout dans l'intérêt des pays pauvres, bien au contraire. Toutefois, cette distribution doit se faire dans le respect des êtres humains et des conditions minimales de travail, et non par le chantage, le sud contre le nord et inversement.

C'est pourquoi les grandes organisations de coopération internationales, syndicales et, de manière générale, progressistes, de même que les grandes institutions comme l'Organisation internationale du travail (OIT) réclament la ratification d'ententes intergouvernementales pour mettre fin au système actuel.

Ces réclamations prennent la forme de ce qu'on a appelé la *clause sociale*. Cette *clause*, demandent ses protagonistes, devrait faire partie des réglementations en vigueur dans tous les pays, tant du sud que du nord. Elle contiendrait les points suivants:

- *droit de s'associer;*
- *droit de former un syndicat et de mandater des représentants;*
- *droit de négocier;*
- *abolition du travail forcé;*
- *interdiction de la discrimination dans l'emploi;*
- *salaire égal pour travail de valeur égale;*
- *limitation du travail des enfants.*

Il est révélateur que plusieurs pays, malgré la mauvaise réputation internationale qui en découle, ferment les yeux sur le travail forcé, le travail des enfants, la discrimination, etc. Pourquoi le font-ils? Parce que les gouvernements de ces pays en mal d'emplois sont soumis au chantage exercé par les entreprises qui menacent de déménager si elles se voient refuser le droit d'y exploiter sans vergogne les plus pauvres.

Et si ces entreprises osent se permettre un niveau élevé d'exploitation, c'est qu'elles se savent à l'abri de nos regards quotidiens. Leurs usines sont bien loin de nous…

> *Nous sommes continuellement en lien avec des milliers d'hommes, de femmes et d'enfants qui ont cultivé la nourriture que nous mangeons, ont cousu les vêtements que nous portons et ont fabriqué les produits qui nous entourent. Si les étiquettes apposées sur ces objets nous permettaient de voir ces gens, nous ferions sans doute nos achats bien autrement*[108].

Il y a ici une bataille à mener, au nom justement du *bien commun recherché*. Et cette bataille, à l'évidence, ne peut être qu'une bataille collective. Menée avec des outils collectifs. Parmi ceux-ci : le syndicalisme.

---

108. Laure Waridel, *op. cit.*, p. 140.

Partie B

Le syndicalisme dans tous ses états…

CHAPITRE 10

LE SYNDICALISME SUR LE TERRAIN...

La loi dit qu'un syndicat est...

... une association de personnes salariées qui a pour buts l'étude, la sauvegarde et le développement des intérêts économiques, sociaux et éducatifs de ses membres et particulièrement la négociation et l'application de conventions collectives.

La loi prévoit aussi que le patron est obligé de négocier, de bonne foi, avec les personnes qui représentent le syndicat.

Le syndicat se voit reconnaître, dans la loi, le droit de faire la grève.

De même, le patron se voit reconnaître le droit de décréter un lock-out, c'est-à-dire de mettre temporairement à pied son personnel syndiqué pour le forcer à accepter les conditions qu'il propose.

S'il sert d'abord et tout normalement à négocier les conditions de travail et de salaire de ses membres, un syndicat sert aussi à autre chose :

À ce but économique s'agrège souvent une *action politique visant à la modification* des institutions et *des structures économico-politiques ou socio-économiques exis-tantes,* voire pour certains syndicats à leur destruction (syndicalisme révolutionnaire ou syndicalisme de lutte). Mais le but essentiel d'un syndicat est le progrès social, qu'il défend principalement pour de nouveaux acquis sociaux en luttant, par exemple dans le domaine des conditions de travail, des salaires ou du nombre d'emplois.

Certains syndicats (surtout ceux du secteur public) défendent les services publics, que ce soit en qualité ou en quantité[109].

Sur le terrain, au quotidien, dans la vraie vie, on découvre vite qu'un syndicat est d'abord un milieu généra-lement chaleureux et fraternel. Où se vivent bien des émo-tions. Où l'on trouve des gens sur la brèche et prêts, certains jours, à bondir et à faire preuve d'une éner-gie spectaculaire s'il le faut, alors que certains autres jours de vents moins mauvais une solidarité paci-fique et débonnaire occupe tout l'espace.

La solidarité syndicale n'em-pêche toutefois pas, à l'occasion, des heurts. Il y a des intérêts en jeu, des convictions personnelles, des caractères qui varient d'un individu à l'autre et qui parfois se mettent à bouillir et à s'affronter. Bref, dans un syndicat, s'il est possible d'y découvrir et d'y vivre intensément une vraie solidarité, la *vraie vie* existe aussi. Et dans la *vraie vie*, il y a des hauts et

109. http://fr.wikipedia.org/wiki/Syndicat_professionnel

des bas, des têtes dures et des têtes heureuses, des réalistes et des personnes qui vivent dans les nuages, etc. En un mot comme en cent, un syndicat est le reflet de ses membres! C'est un milieu de vie, avec tout ce que cela comporte.

Il faut aussi dire que le syndicalisme, tout en se préoccupant d'abord de l'intérêt de ses membres, ouvre aussi sur le monde. Il lui arrive d'intervenir sur différentes questions et pour différentes raisons: des raisons politiques, c'est-à-dire des raisons qui relèvent de l'intérêt commun, des raisons de solidarité, la recherche d'une plus grande égalité sociale, d'une justice réelle, l'aspiration à une démocratie bien incarnée et qui soit autre chose que les incantations qui sortent de la bouche de politiciens en campagne électorale.

Bon signe pour l'avenir, les jeunes, aujourd'hui, adhèrent plus qu'hier au syndicalisme: *la syndicalisation des jeunes s'est accrue depuis 1997, passant de 11,7 % à 13,9 % (en 2004) de l'ensemble des jeunes travailleuses et travailleurs.* Faut dire qu'ils ont de bonnes raisons de le faire: *Le salaire réel des jeunes travailleuses et travailleurs a chuté pour atteindre à peine 75 % à 80 % du salaire réel que gagnaient les jeunes de la génération précédente, et ce, malgré une scolarité bien supérieure.* Or, l'action syndicale permet de corriger cette anomalie puisque *les jeunes syndiqués gagnent 2,78 $*

l'heure de plus, ou 28,1%, que les jeunes non syndiqués, et l'avantage syndical est encore plus élevé pour les jeunes femmes[110].

Qu'est donc, concrètement, un syndicat ? Que fait-il au quotidien ? Où et comment agit-il ? À qui appartient-il ? Qui le dirige ? C'est à ces questions, et à quelques autres, que ce chapitre s'attarde.

1. D'abord… il vient au monde ;

2. puis, il représente ses membres et négocie, avec l'employeur, les conditions de travail ;

3. s'il le faut, il déclenche la grève ;

4. souvent il s'engage dans de grandes causes sociales ;

5. et quand il a fait tout cela, il peut raconter ce qu'il est et ses histoires les plus héroïques !

1. D'abord… naître !

Il y a des naissances faciles. D'autres moins.

Idéalement et intelligemment, quand on veut organiser un syndicat dans l'établissement où l'on travaille, on fait appel à une *sage-femme* syndicale ! Autrement dit, à un spécialiste de la question.

À cet égard, méfiez-vous comme de la peste des *consultants* privés, *avocats* dits spécialisés et autres *charlatans* qui proposent leurs services, moyennant paiement, pour prendre votre défense face à l'employeur. Comme le dit un vieux renard du mouvement syndical, *quand on a*

---

110. Andrew Jackson, *op. cit.*

mal aux dents, on ne va pas voir un avocat ou un charlatan, on va voir le dentiste !

Autrement dit, quand on veut former un syndicat, on ne va pas voir un avocat ni un patron, mais une centrale syndicale. D'autant plus que c'est gratuit ! Des centrales comme la FTQ, par exemple, mettront gratuitement à votre disposition, en plus de leur vaste expérience, leurs services spécialisés : services juridiques, de soutien technique et matériel, etc.

Petit conseil en passant : cette démarche auprès d'une centrale, il faut la faire discrètement, parce que si votre employeur est de mauvaise foi et qu'il l'apprend, il pourrait être tenté de s'empresser de vous congédier sous un prétexte quelconque. Ce *congédiement pour activité syndicale* est interdit par le Code du travail et vous avez des recours à cet égard.

« *Les unions, qu'ossa donne ?* »

Premier avantage concret : un meilleur salaire ! En 2005[111], on touche, en moyenne, hommes et femmes confondus, 3,86 $ de l'heure de plus quand on est syndiqué. Au bout de l'année, à 35 heures semaine, ça fait 7 000 $ de plus dans ses poches.

Selon Statistique Canada, la rémunération horaire moyenne était alors, au Canada, de 20,74 $ pour la

---

111. Statistique Canada, *Enquête sur la population active*, 2005.

personne syndiquée, contre 16,88 $ pour la non syndiquée.

Dans le cas des femmes, plus spécifiquement, l'écart entre la travailleuse syndiquée et la non syndiquée est plus important encore : quand la syndiquée gagne 100 $, la non syndiquée n'en gagne que 74 $. Le syndicalisme a largement amélioré les conditions de travail des femmes. Si, chez les femmes syndiquées, un écart persiste avec les hommes, cet écart s'amenuise d'année en année : en 2005, quand une femme syndiquée gagnait 20,20 $, son correspondant masculin gagnait 21,23 $. Autrement dit, quand le syndiqué obtenait 100 $, la syndiquée touchait 95 $. Non syndiquée, la même femme aurait gagné non pas 95 $, mais... 80 $!

Travailleuses et travailleurs, toutes et tous tirent un avantage certain à être membres d'un syndicat. Les femmes, par contre, notamment au plan salarial, en sont les premières bénéficiaires, en raison du nécessaire rattrapage que le syndicalisme facilite et accélère incontestablement.

Même les syndicalistes sont syndiqués...

À première vue, on peut croire que les meilleurs patrons doivent bien être les syndicats eux-mêmes. Après tout, pense-t-on, un leader syndical ne peut quand même pas être un mauvais patron pour le personnel de son propre syndicat.

Or vous savez quoi ? Vous en voulez une bonne ? Les syndicalistes sont syndiqués. Ils se sont donné un syndicat de syndicalistes pour négocier avec leur patron syndicaliste.

Et parfois, dans leurs négociations, ça chauffe. On a même vu des syndicalistes faire la grève contre leur patron syndicaliste. On a aussi vu un patron syndicaliste mettre son personnel syndicaliste en lock-out.

Qu'est-ce que ça prouve ? Que même en travaillant pour le meilleur patron du monde, même le plus prosyndicalisme, il est utile, sinon nécessaire, de se syndiquer. Et que la présence d'un syndicat militant dans une entreprise ne signifie en rien que le patron est un mauvais patron. Et que même dans ce cas, il peut arriver qu'on recoure aux armes ultimes que sont la grève et le lock-out.

Pourquoi en est-il ainsi ? Parce que, dans sa nature même, le rapport patron-personnel est porteur d'inévitables conflits. Les exemples de questions conflictuelles sont très nombreuses : Qui doit être embauché ? Qui doit occuper tel poste ou obtenir telle promotion ? Y a-t-il des situations où l'employeur est justifié d'exiger du travail en heures supplémentaires ? Quel est le salaire raisonnable et correct qui doit être versé pour tel genre de travail ? À partir de quelle vitesse de production la cadence devient-

elle trop rapide et donc épuisante ? Qui doit payer les vêtements de travail, si l'un des effets possibles de ce travail est de les salir et de les détériorer rapidement ? Combien de jours de congé doivent être accordés au personnel ?

La liste est sans fin. Or, chaque fois, à la suite de chaque question, une décision doit être prise. Mais…par qui ?

Ainsi donc, seul face au patron, fût-il le patron le meilleur et le mieux intentionné du monde, l'employé est vulnérable, exposé à toutes ses humeurs. Une entreprise n'est pas une démocratie : on n'y vote pas tous les quatre ans pour changer de *boss*. D'où cette constatation aussi irréfutable que simple : *il y a eu des syndicats parce que, isolés, les salariés sont sans défense face à l'employeur*[112].

Un patron intelligent verra d'ailleurs rapidement avantage à négocier avec un syndicat : cela lui permettra d'éviter des accrochages, de la mauvaise humeur, un climat de travail maussade et peu propice au développement de son entreprise. Il pourra planifier l'avenir parce qu'il saura exactement à quoi s'attendre de la part du personnel, de même que ce que son personnel attend de lui. Il saura aussi que ses rapports étant corrects avec le syndicat, si jamais un problème sérieux se produit dans l'entreprise, il pourra compter sur la collaboration du syndicat et donc de son personnel.

Tout cela sans compter que ce patron se sentira mieux dans sa peau, parce que dans son établissement, on respecte les êtres humains et on travaille dans la dignité.

Le profil des principaux acteurs syndicaux :

La FTQ

La Fédération des travailleurs et travailleuses du Québec (FTQ) a des racines qui remontent à 1886. Des trois grandes centrales syndicales du Québec, elle est donc celle qui a la plus longue histoire. Une histoire mouvementée,

---

112. Mona-Josée Gagnon, « Le syndicalisme peut évoluer sans nier son passé », *Options*, CEQ, n° 15, automne 1996.

complexe, faite d'un enchaînement de fusions, d'associations et de liens regroupant entre eux des syndicats de diverses origines. C'est en 1957 que l'actuelle FTQ a été fondée. Cette FTQ nouvelle est, par-delà les nombreux changements de structure qui ont précédé sa fondation, la rencontre, ou la cohabitation, dans une même centrale, de syndicats québécois, canadiens et nord-américains, de même que des deux grands types de regroupements qui ont long-temps caractérisé le syndicalisme en Amérique du Nord: les syndicats dits *de métiers* et les syndicats dits *industriels*.

Les **syndicats de métiers** regroupaient, à l'origine, des travailleuses ou des travailleurs d'un même métier. Exemples: les syndicats des métiers de la construction (charpentiers-menuisiers, électriciens, plombiers, etc.), des chemins de fer, de l'imprimerie (typographes, pressiers, etc.).

Les **syndicats industriels** regroupaient des travail-leuses ou des travailleurs d'une même entreprise et occupant des métiers divers. Exemples: les syndicats des métallos, de l'automobile, de la chimie…

À cet égard, la tradition a voulu, à la FTQ, que si le président vient d'un syndicat de *métiers*, le secrétaire général doit venir d'un syndicat *industriel*. Et inverse-ment. Aujourd'hui, il est plus exact de dire que lorsque l'un des deux leaders vient du *secteur public*, l'autre est issu du *secteur privé*.

La FTQ affiche aujourd'hui un effectif de plus d'un demi-million de membres, répartis dans une quarantaine de grands syndicats, et quelque 5 000 unités de base, implantées aux quatre coins du Québec.

La CSQ

La Centrale des syndicats du Québec (CSQ) s'est appelée, à l'origine, l'Association catholique des institutrices rurales, l'ACIR. Fondée en 1936 par l'enseignante Laure Gaudreault, l'Association gagnera successivement toutes les régions, villes et campagnes du Québec, où naîtront d'autres associations, successivement regroupées en fédérations et finalement, en 1946, en une seule organisation, la Corporation des instituteurs et institutrices catholiques, la CIC, qui deviendra, en 1967, la Corporation des enseignants du Québec (CEQ).

Trois ans plus tard, en 1970, la CEQ se définit officiellement comme un «organisme syndical», à l'instar de la CSN et de la FTQ, et décide, l'année suivante, de se transformer en «centrale syndicale». Elle change enfin son nom en 1974, pour devenir la Centrale de l'enseignement du Québec (CEQ). Cette nouvelle dénomination tendait à bien exprimer le fait que la centrale entendait regrouper non seulement le personnel enseignant, mais l'ensemble du personnel du monde de l'enseignement.

De plus, la CEQ entreprit d'accueillir du personnel du secteur de la santé et des services sociaux (infirmières, travailleurs sociaux, psychologues, employés généraux des hôpitaux, etc.), des communications (techniciennes et techniciens de Télé-Québec), des garderies, des loisirs, etc.

Pour bien refléter, dans son nom même, cet élargissement de son champ d'action, la CEQ changeait de nom, en juin 2000, pour celui de Centrale des syndicats du Québec (CSQ).

La CSQ compte aujourd'hui un collectif de quelque 145 000 personnes, regroupées dans 13 fédérations formées de 234 syndicats.

La CSN

La Confédération des syndicats nationaux (CSN) a été fondée en 1921, sous le nom de Confédération des travailleurs catholiques du Canada (CTCC). Elle a été fondée pour rivaliser avec les syndicats neutres sur le plan religieux et parfois même de tendance socialiste, le plus souvent venus des États-Unis, que l'on retrouvait dans le Congrès des métiers et du travail, l'un des regroupements syndicaux à l'origine de la FTQ.

En 1960, la CTCC abandonnera sa référence catholique et changera de nom, devenant la CSN. Elle compte 225 000 membres, répartis dans neuf fédérations rassemblant 2 400 syndicats, dans toutes les régions du Québec.

D'autres organisations syndicales

On compte également, au Québec, la Centrale des syndicats démocratiques (CSD), née en 1972 d'une scission de la CSN ; la Fédération des infirmières et infirmiers du Québec (FIIQ) ; le Syndicat de la fonction publique du Québec (SFPQ) ; le Syndicat des professionnels du gouvernement du Québec (SPGQ) et plusieurs autres syndicats dits indépendants.

Par ailleurs, le monde agricole s'est aussi donné une forme de syndicalisme adaptée à ses besoins. L'Union des producteurs agricoles (UPA) a des racines anciennes dans l'histoire de l'agriculture québécoise. Elle fut longtemps connue sous le nom d'Union catholique des cultivateurs (UCC).

Des syndicats dits jaunes *ou* de boutique…

Hélas! aussi, en marge du mouvement syndical, on retrouve des syndicats qui ne sont que des faux frères! Des syndicats nés avec la complicité secrète du patron et qui ne visent qu'à rouler le personnel. Il s'agit de syndicats mis au monde et proposés par des agents patronaux, à l'initiative des patrons et payés par eux, mais déguisés en agents syndicaux. Ces faux syndicats sont destinés à imposer des conditions de travail au personnel *« syndiqué »* en lui laissant croire que ces conditions ont été arrachées au prix de grands efforts auprès du patron! Syndicats frauduleux, ils n'en regroupent pas moins de 5 à 10 % du personnel officiellement syndiqué au Québec. Il faut se méfier comme de la peste de ces faux petits syndicats qui sévissent surtout dans les PME et qui sont sans lien avec l'une ou l'autre des centrales connues, ayant pignon sur rue au Québec. Ce sont des syndicats dits *jaunes*, ou *de boutique*, dont le seul véritable objectif est de *rouler le peuple*, pour parler poliment!…

2. Représenter ses membres et négocier

Le syndicat est la propriété exclusive de ses membres. Ce qui signifie que l'assemblée générale des membres est souveraine.

Ainsi, une fois accrédité, c'est-à-dire reconnu officiellement par la loi, le syndicat va se réunir en assemblée générale et élire démocratiquement ses dirigeantes ou ses dirigeants. Puis l'assemblée décidera des demandes à présenter au patron : hausse des salaires, réduction du temps de travail, congés, ventilation des bâtiments, mécanismes de promotion, etc.

Un conseiller indispensable

Le conseiller ou la conseillère est un employé de la centrale ou d'une Fédération affiliée, ou d'un grand syndicat membre de la centrale. C'est donc un professionnel du syndicalisme.

Le conseiller est familier avec les lois du travail et avec les trucs – car il y en a comme dans tous les métiers ! – de négociation. Il peut donc guider le comité, lui éviter des faux pas et le prévenir d'éventuels pièges tendus par les représentants de l'employeur, dans le cas d'un patron à la bonne foi un peu douteuse.

Cela dit, le conseiller ne décide pas : comme son nom l'indique, il conseille. Le syndicat demeure toujours maître de ses décisions.

De manière générale, le rôle du conseiller, dans la centrale syndicale, est notamment d'équiper l'ensemble des syndicats du maximum d'outils possible : recherches sur l'état de l'économie, sur l'état financier des entreprises où existe un syndicat, sur les tendances syndicales et patronales partout dans le monde ; démarches concrètes auprès des compagnies d'assurances pour pouvoir faire des suggestions aux syndicats qui souhaitent se donner des assurances collectives ; mise sur pied et animation de comités pour venir en

aide aux membres victimes de toxicomanie ou vivant,
par exemple, un divorce difficile, etc.

Le conseiller est au cœur de la vie syndicale. Pour
l'ensemble du mouvement syndical, et à plus forte raison pour un syndicat naissant, sa présence est un avantage non négligeable, pour ne pas dire indispensable, à
un moment de l'histoire où les relations de travail
deviennent de plus en plus complexes.

L'assemblée élira aussi, parmi ses membres, un comité
de négociation qui aura le mandat parfois délicat d'aller
rencontrer le patron pour l'informer des demandes syndicales et en discuter avec lui. C'est l'étape de la négociation.

D'ordinaire, le comité de négociation est accompa-
gné, dans ses démarches, par un conseiller délégué par la
centrale syndicale.

À chaque étape importante, le comité de négociation
rend des comptes à l'assemblée générale qui, au gré des
résultats obtenus, peut modifier à la hausse ou à la baisse
ses demandes antérieures.

Les *puces*, vraies et fausses, et la démocratie syndicale !

Il ne s'agit pas de chercher des *puces* pour le douteux plaisir d'en trouver, mais enfin oui, oui oui, il
arrive parfois qu'un syndicat fasse une erreur. Une
bourde. Parfois. Et alors ? Que celui qui n'a jamais…
lui lance la première pierre !

Exemple : les clauses dites *orphelin*, ou clauses de
disparité, aussi appelées *clauses d'exclusion*, qui permettent à un patron d'embaucher les derniers arrivés,

des jeunes surtout, à des salaires inférieurs à ceux versés aux employés déjà en place. On le sait, ces clauses injustes ont pour effet pervers de dresser les plus jeunes contre l'ensemble des plus vieilles et des plus vieux et de les rendre méfiants vis-à-vis de leur propre syndicat. Ce qui est grave et inquiétant pour l'avenir du syndicat lui-même.

En fait, les centrales n'aiment pas beaucoup ce genre de clauses que certains syndicats ont accceptées et des débats musclés ont lieu entre partisans et opposants à ce sujet. Surtout que ce genre de clauses contrevient directement aux articles qui, dans les *chartes des droits et libertés de la personne* tant du Québec que du Canada, garantissent formellement le « *droit à l'égalité* » et condamnent toutes formes de discrimination « *fondées sur l'âge* »...

Que faire? Aller aux assemblées générales. Débattre. Argumenter. C'est cela, la démocratie syndicale. Un syndicat est la propriété de ses membres, mais encore faut-il que les membres fassent leur travail de membres. Parce que les absents, ce n'est pas nouveau, ont toujours tort.

Par ailleurs, s'il y a de vraies *puces*, il y en a aussi des fausses. Exemple: l'*ancienneté*. À première vue, les membres les plus jeunes ont l'impression que ça n'existe que pour boucher leur avenir, alors que c'est très exactement le contraire. Et comment ça? Parce que sans clause d'ancienneté, par exemple, l'employeur peut très facilement profiter de la moindre chute de production pour faire des mises à pied et se débarrasser, comme par hasard, d'abord et avant tout, peu importe leur âge, des têtes fortes qui l'*achalent*, des «empêcheurs de tourner en rond», des membres les plus militants du syndicat.

En plus, sans clause d'ancienneté, les membres plus militants n'auraient jamais de promotion et se verraient systématiquement affectés aux tâches les moins courues. Serait-ce juste et équitable ? Enfin, les jeunes d'aujourd'hui, qui seront moins jeunes demain et après-demain, trouveraient-ils juste qu'on les jette à la rue et qu'on les remplace systématiquement par des plus jeunes, payés moins cher, qui se pointeraient ? La politique qui consiste à mettre les moins jeunes dans des sacs verts le plus vite et le plus tôt possible est-elle vraiment une politique syndicalement et humainement acceptable ?

Et puis redisons-le encore : s'il peut parfois arriver au syndicat de se tromper, l'assemblée générale des membres est toujours là, en tout temps, pour corriger une vraie *puce* ou, si tel est le cas, mieux faire comprendre qu'une orientation, qui a l'air d'une vilaine *puce*, est en réalité une sage décision, pour peu qu'elle soit bien interprétée.

Dans la très grande majorité des cas, la négociation conduit à la signature d'une convention collective de travail entre le syndicat et l'employeur.

La convention collective est d'une durée variable, allant de un an à dix ans, dans de rares cas. En général, la durée est de trois ans.

Le droit de la direction

Le droit du *boss*.

Une entreprise, c'est une *propriété*.

Et quand on est propriétaire, on a légalement le droit de gérer son bien comme on l'entend. C'est le *droit de la direction* (d'ordinaire appelé, mais incorrectement, droit de gérance). Un patron peut donc faire tout ce qu'il veut de son entreprise, y compris de son personnel, **sauf** ce qui lui est spécifiquement interdit par les lois.

Ainsi, il a le droit absolu d'embaucher et de mettre à pied qui il veut, d'offrir des promotions à qui il veut, d'avoir des chouchous parmi son personnel, d'imposer au personnel des séances collectives de motivation au travail...

Bref, *légalement, tout ce qui ne lui est pas clairement défendu est permis.* Y compris les pires folies!

En conséquence, tout ce que les syndiqués veulent éviter comme décisions arbitraires, tout ce qu'ils veulent obtenir comme conditions précises, doit être écrit noir sur blanc, dans la convention collective, surtout s'ils ont affaire à un patron malveillant. Ce qui explique que, souvent, les conventions collectives sont volumineuses et complexes.

Les patrons, inutile de le dire, tiennent à ce droit de la direction, dérivé du droit de propriété, comme à la prunelle de leurs yeux!

3. Déclencher la grève s'il le faut

Parfois, la négociation ne conduit à aucun accord. C'est le cul-de-sac.

Les membres du syndicat auront alors à décider, par vote secret, en assemblée générale, de faire la grève ou non, alors que l'employeur, de son côté, pourra décider de mettre tout le monde à la porte, ce qu'on appelle un *lock-out*. Mais contrairement à ce que plusieurs croient, les conflits de travail sont plutôt exceptionnels.

La preuve ? Au ministère du Travail, à Québec, on estime *grosso modo* à 5 % le nombre total de conventions collectives qui ont été l'objet d'une grève ou d'un *lock-out*. Ainsi donc, et surtout si, par malheur, quelque violence surgit aux piquets de grève, le conflit de travail est-il l'arbre spectaculaire qui cache la forêt, c'est-à-dire la richesse plus discrète et plus harmonieuse de l'ensemble de la vie syndicale.

À quelques exceptions près, au cours d'une grève ou d'un *lock-out*, au Québec, l'employeur n'a pas le droit

SCABINUS RATIBUS

d'embaucher du nouveau personnel, autrement appelé des briseurs de grèves, des *scabs* ou des *jaunes*, pour remplacer les grévistes. Seuls les cadres de l'entreprise peuvent légalement essayer de remplacer les grévistes[113]. Cette loi québécoise de

---

113. Les personnes assujetties au Code canadien du travail, lequel diffère du Code québécois, ne bénéficient pas d'une loi anti-briseurs de grève. Ces personnes représentent environ 8 % de la main-d'œuvre québécoise et œuvrent dans le secteur des télécommunications (radio, télé…), des

1977 a presque éliminé la violence qui, dans le passé, finissait souvent par éclater aux portes des entreprises lorsque les grévistes exaspérés, privés de salaire, voyaient chaque jour passer sous leur nez des travailleurs qui venaient *voler* leur travail.

Si le conflit se présente dans un service public, le syndicat aura à plaider sa cause non seulement devant le patron, mais devant l'ensemble de l'opinion publique qui, le plus souvent, est assez chatouilleuse à cet égard, notamment pour tout ce qui touche les services dits essentiels.

Un conflit, il faut le dire, est toujours un moment chaud et fort de la vie syndicale. Il met à l'épreuve la profondeur de la solidarité des grévistes entre eux, comme il met aussi à l'épreuve la solidarité de l'ensemble du mouvement syndical à l'égard des grévistes.

Au cours d'un conflit, le syndicat affilié à une grande centrale détient une force mille fois plus grande que s'il était seul, sans affiliation. Il peut compter sur l'expérience et le soutien technique, moral et financier d'une grande organisation syndicale entièrement vouée à la défense et à la promotion des droits des salariés.

Mieux vaut être en grève qu'à l'hôpital!...

«Les syndicats sont trop forts!... Y exagèrent!... L'économie du pays s'en va chez le diable à cause d'eux autres! Sont toujours en grève!... À la fin de l'année, ça fait combien de jours perdus, toutes ces maudites grèves-

---

banques, des transports, de la fonction publique et des sociétés fédérales. Cette proportion peut varier de 6 à 10%, au rythme de l'évolution de la main-d'œuvre.

là?... Hein? Combien? Le sais-tu?...» Tout le monde a déjà entendu ce genre de propos. L'ennui, c'est que ces propos sont le résultat d'une illusion d'optique.

Une grève ou un *lock-out*, c'est spectaculaire : des femmes et des hommes, pancartes en mains, défilent sur le trottoir. Il y a parfois de la bousculade, quand un intrus veut franchir la ligne de piquetage. Voitures de police... Devant le cameraman, un journaliste tend le micro aux grévistes et l'on entend des propos incendiaires.

Au même moment, ce qu'on sait moins, parce que cela n'émeut pas la télévision, des personnes se blessent au travail : jambe cassée, chute dans un escalier, blessure au dos, burn-out... Quand la télé en parle, c'est qu'un ou plusieurs ouvriers sont morts dans un accident spectaculaire. Autrement, ni vu ni connu.

Les syndicats, régulièrement, dénoncent les conditions dangereuses de travail qui sont, souvent, à l'origine des grèves. Ils dénoncent des négligences. Des équipements mal en point. Des situations risquées... On dit : «Ils exagèrent! On fait pas la grève pour ça, quand même!...» Ah! vraiment? Alors, regardons les chiffres!

Le travail qui blesse et, parfois, qui tue

Les données qui suivent sont tout ce qu'il y a d'officiel : elles proviennent du ministère du Travail et de la Commission de la santé et de la sécurité du travail, la CSST.

Qu'y apprend-on? Qu'en 2004, par exemple, il y a eu plus de 21 fois plus de jours perdus pour cause d'accidents du travail que pour cause de grève ou de *lock-out*!...

Vous avez bien lu : 21 fois plus!

Cette proportion varie selon les années et elle est très rarement inférieure à celle de 2004. Généralement, cette proportion est de 25 ou 30 fois plus. Exemple : en 1997, il y eut 37 fois plus de jours perdus pour cause d'accidents de travail que pour cause de conflits !...

En chiffres, cela signifie qu'au Québec, en 2004 :

- 15 397 868 jours/personne ont été perdus et comptabilisés par la CSST, pour cause d'accidents du travail ou de maladies professionnelles. Pendant la même période, 747 949 jours/personne de travail ont été perdus pour cause de grève ou de lock-out, soit 21 fois moins...

- ces plus de quinze millions de jours perdus ont été causés par 132 906 accidents du travail ou maladies professionnelles ;

- au cours de la même année, la CSST a compté 176 décès reliés au travail, soit 85 accidents mortels et 91 décès résultant de maladies professionnelles.

Autrement dit, à chaque deux jours de calendrier, une personne décède d'un accident de travail ou d'une maladie professionnelle, au Québec.

NOTE : Tout ce qui précède ne tient pas compte des accidents et des maladies jamais rapportés ! Il ne s'agit, ici que des accidents officiellement rapportés et comptabilisés...

La présence d'un syndicat dans une entreprise accroît évidemment la sécurité au travail : les facteurs de risque sont identifiés, portés à l'attention de la direction, font l'objet de négociations et sont éventuellement éliminés. La sécurité au travail est l'une des préoccupations constantes de tout syndicat le moindrement sérieux. S'il arrive que la grève soit nécessaire pour forcer un employeur à la tête

dure à apporter des correctifs aux conditions de travail, tant pis! Mieux vaut faire la grève pendant quelques semaines que de perdre 21 fois plus de semaines pour causes d'accidents du travail et de maladies professionnelles. Ça coûte moins cher à l'économie nationale et c'est pas mal moins souffrant.

4. S'engager socialement...

Depuis sa naissance, le mouvement ouvrier, et plus précisément l'organisation syndicale, a été soit le moteur soit l'un des acteurs principaux des transformations sociales que nous avons connues. Le syndicalisme ne s'occupe pas exclusivement des intérêts directs de ses membres, même si là est son premier mandat. Au Québec et au Canada, on le retrouve le plus souvent à l'origine des programmes sociaux dont profite l'ensemble de la population, de l'assurance-emploi à l'assurance maladie, en passant par l'éducation publique et gratuite, les pensions de vieillesse et l'assurance-automobile.

Cette attitude syndicale, le Bureau international du travail (BIT) la constatait un peu partout sur la planète, il y a une dizaine d'années. Il écrivait:

> *Une nouvelle dynamique sociale semble bien s'être mise en marche. Les syndicats les plus actifs s'ouvrent effective-ment, au-delà de ceux qui travaillent, à ceux qui sont sans emploi ou sans emploi stable; ils apparaissent davantage, dans les faits comme dans les déclarations, comme de véri-*

L'ÉCONOMIQUE L'ÉCOLOGIQUE

tables mouvements sociaux [...] *ayant une claire vision de la défense et de la promotion des intérêts, aussi variés soient-ils, du monde du travail*[114].

Au nombre de ces *intérêts variés*, on comptait alors, à titre d'exemple, le respect de la nature et de l'environnement, pour assurer un *développement durable* et un *avenir viable*.

Plus récemment, mars 2006, une consultation du *Magazine Travail*, de l'Organisation internationale du travail (OIT), laisse voir clairement la vaste gamme des préoccupations syndicales qui vont, par exemple, du sort des handicapés au renouveau du coopératisme en Éthiopie, en passant par les victimes des tsunamis, jusqu'au sort de ce jeune Guatémaltèque, Juan Carlos, dont le destin a été modifié par la *microfinance*.

Qu'est-ce que la *microfinance*? Il s'agit d'une pratique encore jeune – une trentaine d'années – que l'on retrouve notamment dans les pays en développement. Au moyen de petits prêts ou d'une assistance technique, offerts

114. Bureau international du travail (BIT), *Rapport annuel 1998-1999*.

généralement par des groupes coopératifs, le mouvement syndical ou des entreprises d'économie sociale, souvent en partenariat avec l'État, parfois par des banques qui veulent améliorer leur image, on aide des personnes en grandes difficultés à améliorer leur sort en lançant une microentreprise ou un atelier d'artisanat ou encore une activité commerciale quelconque leur permettant de vivre :

> *Juan Carlos a passé la majeure partie de son enfance à travailler dans les carrières du Guatemala, transportant de lourdes roches volcaniques extraites de la rivière et les concassant à l'aide d'outils peu maniables et dangereux. Âgé aujourd'hui de 17 ans, Juan Carlos travaille ainsi depuis l'âge de huit ans. [...] Sa mère a obtenu un prêt pour monter un commerce de produits alimentaires sur le marché local. Pour Juan Carlos, l'augmentation du revenu familial qui découle de cette activité signifie moins d'heures de travail dans les mines et autant de temps libre qu'il peut consacrer à sa scolarité. [...] En matière de microfinance, l'OIT n'a pas pour rôle principal de distribuer des fonds [mais] grâce à son savoir-faire et à ses relations avec les partenaires sociaux, elle peut, mieux que toute autre organisation, rechercher des possibilités de financement[115].*

... et politiquement ?

Sur le plan de la politique active, par contre, le mouvement syndical hésite toujours beaucoup avant de s'engager à soutenir un parti plutôt qu'un autre. Cela dit, rien n'empêche un ou des militants dans tel comté, une ou

---

115. *Magazine Travail*, n°55, Organisation internationale du travail (OIT), mars 2006.

des militantes dans tel autre comté ou un syndicat local de soutenir, à un titre ou un autre, un candidat ou une candidate en particulier. À ce sujet, notons que les principales centrales syndicales québécoises ont pris parti en faveur de la souveraineté du Québec.

En Angleterre, rappelons que c'est le mouvement syndical anglais qui est à l'origine du Parti travailliste que dirige, au tournant de l'an 2000, le premier ministre Tony Blair. Au Canada, il faut aussi rappeler qu'une large partie du mouvement syndical appuie le Nouveau Parti démocratique (NPD), issu, en 1961, d'un parti fondé dans l'Ouest canadien en 1932, la Cooperative Commonwealth Federation (CCF).

Le NPD et la CCF n'ont jamais détenu le pouvoir au niveau fédéral, mais ils y sont parvenus dans quelques provinces, dont l'Ontario, la Colombie-Britannique, le Manitoba et la Saskatchewan. Au Québec, ces partis n'eurent que très peu de succès, en raison notamment de leur manque de compréhension de la spécificité du Québec dans le Canada.

Il était une fois un si beau pays...

Haïti était un si beau pays qu'on l'a appelé *la perle des Antilles.*

Mais à la tête du pays, longtemps, il y eut des dictateurs féroces. Ils se sont appelés Duvalier père, ou Papa Doc, puis Duvalier fils, surnommé Baby Doc. Dans le pays, la misère totale. La désespérance. Jusqu'à ce que le peuple se fâche, en 1986, et boute dehors du pays Baby Doc et son entourage. Le grand *déchoukage,* disait-on.

On avait cru, alors, que la venue au pouvoir du père Jean-Bertrand Aristide, affectueusement appelé Titid, allait enfin ramener la paix dans ce pays malheureux : les *tontons-macoutes,* ces sinistres bandits en civil qui défendaient brutalement les dictateurs contre le peuple, disparurent enfin des rues.

Le règne de Titid commença bien, mais un coup d'État vint y mettre fin. Titid s'exila aux États-Unis d'où il revint quelques années plus tard et se fit réélire président... mais ce Titid était différent du Titid d'hier. Le peuple se déchira à son sujet, les choses se gâtèrent et les *chimères,* ces successeurs des *tontons-macoutes,* gagnèrent les rues. Alors, sous la pression internationale, dont celle du Canada, le président Aristide fut destitué. Il s'exila en Afrique du Sud... ! (À ce sujet, soit dit en passant, plusieurs personnes s'interrogent, en Haïti et ailleurs, se demandant comment des pays comme le Canada, la France, les États-Unis... peuvent prêcher la démocratie électorale et, par ailleurs, intervenir, de l'extérieur, pour mettre fin, d'autorité, au règne d'un dirigeant qui a été démocratiquement élu...)

Tout au long de ces années, les syndicalistes, en Haïti, n'eurent pas la vie facile. Dans un premier temps, sous Aristide, le mouvement ouvrier entreprit de se reconstruire, avec l'appui de syndicalistes québécois, notamment de la CSQ et de la FTQ. Mais hélas !, à l'occasion des séismes qui se succédaient à la tête de l'État, c'est en prison que, bientôt, sous divers prétextes fallacieux, on retrouvera un certain nombre de syndicalistes haïtiens. Ce qui amena des interventions québécoises directes, ou alors par le truchement de la *Confédération internationale des syndicats libres* (CISL), dont le président de la FTQ, Henri Massé, est membre de l'exécutif. Grâce à cette solidarité syndicale, plusieurs militants, en Haïti, furent libérés de la prison où on les détenait.

Aristide en exil, son ancien premier ministre, René Préval, élu président... l'avenir est porteur d'espoir, mais le passé tourmenté de ce pays proche du cœur de tant de Québécoises et de Québécois laisse planer quelques inquiétudes...

5. Raconter ses grands combats

Les luttes mémorables couvrent maintenant près de deux siècles d'histoire.

Impossible, donc, de tout rappeler, des constructeurs de canaux du début du XIXe siècle jusqu'à la grève à *La Presse* en 1971, en passant par les midinettes qui font grève en 1937, presque trente ans avant celle des infirmières du Québec...

Quand même, voici quelques échantillons qui démontrent bien que, à l'occasion, pour obtenir justice en toute légitimité et faire avancer la société, il convient de défier un peu la loi et de confronter l'ordre établi.

Duplessis contre les professeurs

1949 : les 1 800 membres de l'Alliance des professeurs de Montréal, un syndicat affilié à la Corporation des instituteurs et institutrices catholiques, la CIC (ancêtre de l'actuelle CSQ), font une grève qui durera six jours. Illégale, forcément, puisque interdite par la loi.

Que réclament-ils ? Un salaire égal à celui versé à leurs collègues anglo-protestants de Montréal, qui gagnent jusqu'à 1 400 $ de plus par année. Un exemple : après 15 ans

d'ancienneté, l'instituteur catholique et célibataire gagnera
3 600 $, alors que son homologue anglo-protestant touchera
5 000$[116]. Quant aux institutrices, elles gagnent, à cette
époque, à peu près la moitié du salaire de leurs collègues du
sexe opposé.

Aussitôt la grève déclenchée, Maurice Duplessis,
chef de l'Union nationale et premier ministre du
Québec, retire au syndicat son certificat d'accréditation.
La Commission scolaire, de son côté, congédiera le
président de l'Alliance, Léo Guindon, en 1951.

L'Alliance porte la question de la perte de son accréditation devant la Cour suprême qui, en 1953, donc

---

116. Journal *Le Professeur,* juin 1952, publié par l'Alliance des professeurs
  catholiques.

quatre ans après le fait, lui donne raison. Duplessis, têtu comme une mule, fait aussitôt voter ce qu'on appellera alors la loi Guindon, une loi vengeresse et odieuse, puisque rétroactive à 1949. Cette loi prévoit la désaccréditation automatique de tout syndicat qui, dans un service public, recourt ou *a recouru* à la grève.

Le mouvement syndical, pourtant fort d'appuis nombreux, devra attendre jusqu'en 1959 avant que l'Alliance des professeurs de Montréal puisse recouvrer son certificat d'accréditation. Duplessis avait la rancune longue et tenace.

Duplessis contre les mineurs et contre le droit d'association

Même année, 1949 : 5 000 mineurs de l'amiante, à Asbestos et Thetford Mines, membres de la CTCC (l'actuelle CSN), débraient. Sous-payés, travaillant dans des conditions pénibles et trop souvent victimes de l'amiantose, une maladie mortelle, les mineurs sont résolus à amener l'employeur à la raison. La grève durera cinq mois et sera marquée de plusieurs explosions de violence.

Les mineurs sont la proie des attaques à la fois des fiers-
à-bras de la compagnie états-unienne Johns-Manville et
du corps de police qui s'appelait alors la Police provinciale,
la PP, aujourd'hui la Sûreté du Québec, la SQ. Pour
avoir appuyé publiquement les grévistes, l'archevêque de
Montréal, Mgr Joseph Charbonneau, sera démis de son
poste par le Vatican et exilé en Colombie-Britannique où
il mourra.

Huit ans plus tard, en 1957, les 1 000 mineurs du
cuivre de Murdochville, en plein cœur de la Gaspésie,
décident de se syndiquer et de s'affilier aux Métallurgistes
unis d'Amérique, communément appelés les Métallos, de
la FTQ. La Noranda Mines, propriétaire de la mine, s'y
objecte. Duplessis soutient la compagnie contre les
mineurs. La grève durera sept mois, ponctuée d'affrontements violents, ici encore, avec les fiers-à-bras de la compagnie assistés des agents de la Police provinciale. L'enjeu
est fondamental : le droit d'association, le droit de constituer un syndicat.

De partout au Québec jaillit l'expression de solidarité
avec les mineurs, et des manifestations ont lieu tant à

Québec, devant le Parlement, qu'à Murdochville, aux abords de la mine.

L'un des personnages-clés de cette grève célèbre est Émile Boudreau, qui passa l'essentiel de sa vie militante et de travail à la FTQ, après avoir été mineur, ce qu'il raconte notamment dans son autobiographie[117]. Syndicaliste, Boudreau savait aussi joindre l'utile à l'agréable et à la mobilisation, y compris en chanson...

Ainsi, sur l'air de *On est Canayen ou ben on l'est pas*, il écrivit, à l'occasion d'une grande marche sur Murdochville, en août 1957, la chanson...

On est Gaspésien ou ben on l'est pas

Le printemps passé on s'est mis en grève
Depuis ce temps-là, on se bat sans trêve
Pour défend' nos droits, on est un peu là
On est Gaspésien ou ben on l'est pas

117. Émile Boudreau, *Un enfant de la grande dépression*, Montréal, Lanctôt éditeur, 1998.

Dès les premiers temps, y'a eu les faux frères
Des «scabs», des vendus, profiteurs de guerre
De la Gaspésie, on les chassera,
On est Gaspésien ou ben on l'est pas

Les agents de la polic' provinciale
Pour la compagnie font leur besogn' sale
Mais malgré tout ça, nous on lâche pas
On est Gaspésien ou ben on l'est pas [...]

Duplessis grouill' pas, malgré les requêtes
Y répond mêm' pas, ç'a l'air qu'on l'embête
À la votation, on s'en souviendra
On est Gaspésien ou ben on l'est pas

La Gaspé Copper, compagnie sans âme
D'un crime social portera le blâme
Gaspésiens tenez, on vous support'ra
On est Gaspésien ou ben on l'est pas [...][118]

Les leaders syndicaux emprisonnés

L'année 1972 connaîtra des événements extraordinaires. Cette année-là éclate la grève de plus de 210 000 syndiqués des secteurs public et parapublic, membres de la CEQ, de la FTQ et de la CSN, les trois grandes centrales rassemblées en un Front commun. Les tribunaux multiplient les injonctions ordonnant le retour au travail, mais rien n'y fait.

En désespoir de cause, le gouvernement québécois porte un grand coup : pour avoir refusé de se plier aux injonctions des tribunaux, une quarantaine de grévistes

---

118. Pierre Fournier, *op. cit.*, p. 114, 115.

seront emprisonnés pendant plusieurs mois. Parmi eux, trois prisonniers retiennent particulièrement l'attention : Louis Laberge, président de la FTQ, Yvon Charbonneau, président de la CEQ, et feu Marcel Pepin, président de la CSN. C'était là un précédent historique.

L'emprisonnement des dirigeants syndicaux n'allait pas passer inaperçu à l'étranger et encore moins au Québec, qui explose littéralement. De nombreuses entreprises privées, dans tous les secteurs, de même que des services publics sont paralysés par une grève spontanée à l'échelle de tout le Québec. Des villes comme Sept-Îles, Sorel, Joliette et Thetford sont occupées. Des groupes de grévistes s'emparent de stations de radio, prennent possession des ondes. On estime à 300 000 le nombre de grévistes qui participeront à ces «événements de mai 1972» qui plongeront le Québec en pleine crise sociale pendant quelques jours.

La bataille a été rude, mais les syndicats ont gagné, en forçant le gouvernement à accepter de payer, aux plus humbles des membres de son personnel, un salaire minimum de 100 $ par semaine.

À l'époque, cette exigence syndicale était apparue excessive, voire utopique. Pourtant, elle fut obtenue.

L'effet domino…

Phénomène intéressant : les travailleurs non syndiqués, payés au salaire minimum, profitèrent aussi des
fruits de la victoire syndicale, puisque le gouvernement
se sentit obligé de hausser le salaire minimum qui
passa de 1,60 $ en 1972 à 2,80 $ l'heure en 1975, une
hausse relativement plus élevée que celle constatée au
cours des années précédentes.

Ainsi en est-il des effets des luttes syndicales sur
les conditions de travail de l'ensemble de la population.

Du côté des dinosaures…

Tout ce qui précède est bien joli, mais dans la vraie vie,
il y a de vrais et authentiques dinosaures. Butés. Bornés.
Têtus comme des mules. Les pieds ancrés dans le béton et
maladivement allergiques à tout ce qui ressemble, même
de loin, à un syndicat !…

Alors… que faire devant de tels patrons, genre
McDonald's, ou Wal-Mart, véritables mammouths toujours vivants ?… Rien ?… Applaudir à leur politique dite
des *associé-e-s*, qui leur permet de faire croire à leur personnel qu'il est aussi un peu le patron, qui tente de leur
faire prendre des vessies pour des lanternes ?…

Il y a quelques années, une journaliste des États-Unis,
Barbara Ehrenreich, est allée vivre, notamment chez
Wal-Mart, la vie d'une *associée*. Indignée, elle écrit, au
sujet des…

... associé-e-s...

Quelqu'un doit crever le ballon de cette fiction selon laquelle nous serions une famille, *nous les* associés *et les* dirigeants à leur service, *réunis par notre dévouement à l'égard des* invités (la clientèle). *Il faudrait un mot bien plus fort que* dysfonctionnement *pour décrire l'état d'une famille dont certains membres peuvent se mettre à table et manger pendant que les autres (les* «associés», *les couturières à peau noire et les ouvriers d'usines du monde entier qui fabriquent ce que nous vendions) se nourrissent des restes tombés sur le sol.* Psychotique *serait sans doute une meilleure qualification de la famille en question*[119].

La famille d'origine, la vraie, est celle du fondateur Sam Walton et de ses fils héritiers qui possédaient, en 2005, une fortune estimée à plus de 90 milliards de dollars, soit deux fois la fortune de la personne la plus riche de la planète, Bill Gates! Disons que, vu de l'extérieur, l'*associé* Walton est mieux pourvu que l'*associé* Jos Bleau ou l'*associée* Jane Smith!...

Descendants d'une petite boutique fondée en 1962, les Wal-Mart d'aujourd'hui, férocement antisyndicaux et fruits d'une exploitation éhontée, sont le modèle sacré du néolibéralisme.

Wal-Mart[120]
L'un des plus grands penseurs du néolibéralisme, Friedrich Hayek, écrivait, il y a plus de cinquante ans, alors que la social-démocratie osait se montrer le

---

119. Barbara Ehrenreich, *l'Amérique pauvre*, Paris, 10/18, 2004, p. 282.
120. Source : *L'Atlas 2006, op. cit.*, p. 56 et 57.

bout du nez : *Si nous voulons entretenir le moindre espoir d'un retour à une économie de liberté, la question de la restriction du pouvoir syndical est une des plus importantes.* Cela, la famille Walton l'a parfaitement compris et intégré. À preuve : en 2005, Wal-Mart possède plus de 5 000 magasins et embauche 1 600 000 personnes aux quatre coins de la planète, des États-Unis jusqu'en Chine, en passant par l'Italie, l'Australie, le Canada, le Brésil, etc.

Wal-Mart est connue *pour ses rémunérations proches du niveau de pauvreté et pour sa disposition à se décharger sur l'assistance publique de la protection de ses salariés contre les intempéries de la vie.*

Wal-Mart est aussi connue pour rechercher *ses fournisseurs là où la main-d'œuvre est la moins chère, la plus surexploitée.*

Chaque fois qu'aux États-Unis les employés d'un magasin décident, après une bataille éprouvante, de s'affilier à un syndicat, le magasin ferme.

On en sait quelque chose à Jonquière, au Québec...

Que doit-on souhaiter et soutenir ? Une vaste concertation internationale du mouvement syndical. Une concertation qui force les gouvernements des pays les plus importants à adopter des lois et règlements qui, au nom de l'intérêt public, empêchent des dinosaures comme Wal-Mart de se comporter comme des éléphants dans un magasin de porcelaine.

Il y va de l'intérêt public, car en s'implantant dans une région, Wal-Mart pousse souvent à la faillite nombre de petits commerçants et déstructure l'organisation socio-économique existante, en plus, comme on ne le sait que trop, d'abuser de manière systématique, et dans son seul intérêt, non seulement de son propre personnel, mais aussi du personnel de ses fournisseurs, répartis aux quatre coins de la planète.

Des changements récents apportés au Code du travail, à la demande du mouvement syndical, contribueront vraisemblablement à faciliter, dans une certaine mesure, l'accréditation de syndicats dans les entreprises entêtées comme le sont les Wal-Mart et les McDonald's. La chose est à signaler, car changer le Code du travail, ce n'est pas une mince entreprise...

Un Code du travail modifié

La loi n'est pas éternelle : elle doit être adaptée aux réalités qui, elles, sont changeantes. Et de temps en temps, donc, à force de se faire dire de se grouiller, le gouvernement jette un œil morne sur sa loi et la change un peu. Dans le bon sens parfois. Dans le mauvais sens d'autres fois. Parfois aussi, il regarde, se frotte les mains, laisse croire qu'il va faire quelque chose puis... ne fait rien ! Au début de cette décennie, en 2002, le gou-

vernement québécois s'est pourtant enfin décidé à poser des gestes. Il a entrepris de réduire, et pour vrai, le délai entre le moment où un syndicat demande sa reconnaissance légale officielle, autrement dit son *accréditation*, et le moment où il l'obtient. Ou pas. Maintenant, la décision est rendue, par l'organisme approprié, la Commission des relations de travail, à l'intérieur de deux mois. Jusqu'à ce moment-là, cette décision pouvait attendre pendant 4... 5... ou même 6 mois. Les avocats patronaux, peu enclins à voir naître un syndicat de plus, se faisaient un devoir de faire durer le plaisir! Les restaurants McDonald's, à titre d'exemple, étaient des champions dans cette manie d'étirer le temps comme un élastique très... élastique!

À un autre chapitre, mais dans le mauvais sens cette fois, le même gouvernement a récemment permis de tirer, sous les pieds de syndiqués, leur propre syndicat! Comment? En les transférant à un sous-traitant. Exemple? Je suis aubergiste, mon personnel est syndiqué, je refile ma cuisine à un sous-traitant... Si le sous-traitant est ratoureux et anti-syndical, il va réussir, par des pirouettes légales, à prendre la cuisine et les cuisiniers, mais pas leur syndicat ni ses acquis. Retour à la case zéro!... Choquant!

De manière générale, en matière de code du travail, les gouvernements sont plutôt lambins! Ainsi, depuis des années, le mouvement syndical réclame en vain ce qu'il appelle, dans son jargon, *l'accréditation multipatronale*. Autrement dit, et par exemple, la possibilité de réunir légalement, dans un même syndicat, le personnel de plusieurs cafés ou restaurants appartenant à des propriétaires différents. Ainsi, au lieu de multiplier les syndicats de 3 ou 4 personnes, ce qui est difficile et fastidieux, on pourrait bâtir un seul syndicat de plusieurs membres, et négocier avec les représentants des divers propriétaires. Ce qui aurait l'avantage d'uniformiser les conditions de travail d'une petite entreprise à l'autre et, d'une certaine façon, de réduire de beaucoup la concurrence entre ces diverses entreprises, puisque toutes répondraient aux mêmes exigences...

Autre changement important à apporter au Code : assurer la possibilité réelle, pour les travailleuses et les travailleurs dits *autonomes, précaires, pigistes, sous-traitants, occasionnels,* etc., de se syndiquer et de bénéficier d'une protection élémentaire dans leur vie de travail. C'est que la situation actuelle n'est pas sans gravité : le plus souvent sans défense, ces gens, de plus en plus nombreux et difficilement syndicables dans le cadre actuel des lois, sont bien souvent utilisés comme des personnes corvéables à merci, avant d'être jetées...

On le voit, il y a encore du pain sur la planche...

Et demain ?...

Le mouvement syndical a, dans un sens, le choix de ses luttes. Et ce choix, il est grand et peut faire rêver sans pour autant sombrer dans l'impossible...

Des exemples :

- réduire la semaine de travail de manière à créer plus d'emplois. À titre d'exemple, la France a ramené la semaine dite normale de travail (avant paiement des heures supplémentaires) à 35 heures. Elle est de 40 heures au Québec;

- multiplier les congés et rallonger la période des vacances annuelles. Encore en France, la durée minimum des vacances est obligatoirement d'au moins cinq semaines par année pour tous, alors qu'elle est, chez nous, de deux semaines, puis de trois semaines après cinq ans de service chez un même employeur, selon la Loi sur les normes du travail;

- améliorer les programmes sociaux existants et en créer de nouveaux. Par exemple, allonger les congés parentaux;

- offrir la possibilité aux travailleuses et aux travailleurs qui le désirent de retourner aux études, sans perte significative de revenus...

Et puis, tant qu'à y être, pourquoi ne pas creuser le débat sur la pertinence de réclamer, sous une forme ou une autre, ce qu'on appelle un *revenu de citoyenneté*, autrement appelé un *revenu d'existence*, sorte d'héritage commun, versé sans condition à chacune et chacun, de sa naissance à sa mort? Cela, à titre d'héritage de la richesse accumulée par l'humanité au fil des siècles. Pareille source de revenu permettrait de réduire le temps de travail nécessaire pour gagner sa vie et donc permettrait de mieux répartir ce travail sur la planète. Sans compter que pareil revenu augmenterait le temps que chacun d'entre nous pourrait ou voudrait consacrer à des projets personnels ou collectifs.

Ce sujet, bien sûr, ne fait pas l'unanimité, mais il mérite au moins qu'on y réfléchisse un peu.

Un revenu d'existence?

La richesse commune ne peut pas être monopolisée par quelques grands entrepreneurs, quelques Bill Gates qui réussissent, sans doute avec génie, à transformer le savoir venu du passé en milliards de dollars instantanés. Les Bill Gates sont propriétaires de leurs inventions mais non pas des mathématiques, des sciences et de l'ensemble des savoirs développés par l'humanité au cours de son histoire et qui sont à la base même de leurs inventions modernes. C'est l'ensemble de la société qui, en toute légitimité, est «propriétaire» de ce savoir venu des temps passés. Elle est donc la seule héritière légitime des fruits de ce savoir accumulé, après que chaque inventeur a été généreusement récompensé pour la contribution qu'il a apportée.

En plus, les hasards de la naissance créent une injustice évidente : naître dans une famille pauvre et peu éduquée, dans une région sous-développée, offre moins d'avantages que naître dans la maison d'un couple d'universitaires célèbres ou d'entrepreneurs riches de Westmount, de Sainte-Foy, de New York ou de Paris.

N'empêche : le droit à l'héritage du lot commun appartient tout autant, sinon plus, à l'enfant pauvre qu'à l'enfant riche. L'un et l'autre doivent donc toucher leur part de l'héritage, libre à chacune et à chacun, par la suite, de la faire fructifier peu ou beaucoup, mais à sa façon. Personne n'a le droit de s'arroger l'exclusivité de l'héritage.

Pour parler le langage des affaires, on pourrait aussi dire que, en naissant, chacun d'entre nous détient des actions sur le bien collectif légué par les générations antérieures. Ces actions nous donnent, à toutes et à tous, droit aux dividendes encourus. Libre à chaque individu, par la suite, d'en faire ce qu'il entend.

> Le mouvement syndical est, à l'heure actuelle, traversé par ce débat, qui a cours depuis quelques années en Europe et dont les enjeux sont majeurs.

Utopie que tout cela?... Quand la semaine de travail était de 72 heures, est-ce que les promoteurs de la semaine de 60 heures, puis de 50, puis de 40, n'étaient pas vus comme des utopistes, des rêveurs, des *pelleteux de nuages et des joueurs de piano*, comme disait Duplessis dans son triste temps?...

Et pourtant!... Qui a eu raison?...

CHAPITRE 11

LES FRUITS DE LA LUTTE

Aujourd'hui, le syndicalisme libre, celui qui n'est assujetti ni au patronat ni à l'État, est incontestablement la forme la plus avancée d'organisation mise sur pied pour la défense et la promotion des travailleuses et des travailleurs. Qu'en sera-t-il dans 100 ans ? Aura-t-on trouvé une structure différente, mieux ajustée aux besoins de cette époque ? Peut-être. Le syndicalisme est un outil qui est né pour répondre à un besoin. Si le besoin change, l'outil changera. À l'époque interminable de l'esclavage, l'outil était la fuite, la rébellion, le combat physique... Il aura fallu attendre le XIXe siècle pour que naisse, difficilement, le mouvement syndical qui est donc encore, du point de vue de l'Histoire, un phénomène jeune.

Pour l'instant, les fruits qu'a portés le syndicalisme sont la preuve éclatante de l'à-propos actuel et de la nécessité de cette forme d'organisation, dans tous les pays démocratiques. Et dans les pays non démocratiques, le syndicalisme libre qu'on y trouve parfois, clandestin et souvent risqué pour ses membres, constitue toujours l'un des terreaux où germent la liberté politique et la démocratie, le désir de justice et d'égalité.

Mise en garde obligée : ces fruits, évoqués dans les lignes qui suivent, ne sont pas, comme on dit, coulés dans le béton. Rien de ce qui fait l'objet des luttes sociales n'est jamais acquis pour toujours.

On le voit bien : au tournant de l'an 2000, les gouvernements ont une forte tendance à grignoter les acquis 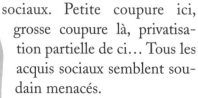 sociaux. Petite coupure ici, grosse coupure là, privatisation partielle de ci… Tous les acquis sociaux semblent soudain menacés.

D'où l'importance de la vigilance, parfois même de la résistance, de la part de l'ensemble des forces progressistes, à commencer par le mouvement syndical, par chacun des syndicats dans son usine, son bureau, son quartier, sa ville. À commencer aussi par les organisations de jeunes, parce que l'avenir leur appartient…

Comme le veut le dicton populaire, il est préférable de nous occuper nous-mêmes de la politique qui nous affecte, sinon c'est la politique qui va s'occuper de nous !

Ce qui n'est pas toujours très rassurant !

Chez nous, les gains obtenus par le mouvement ouvrier, au fil des ans, sont de deux ordres : les gains pour lui-même et ses membres et les gains pour l'ensemble de la population.

Les gains pour les membres

Pendant des décennies, le mouvement ouvrier a dû mener des luttes légitimes, mais souvent dans l'illégalité, encourant des risques considérables pour ses membres: pertes d'emplois, violences physiques et, dans les cas extrêmes, la mort.

Depuis, les gains se sont multipliés: réduction progressive de la semaine de travail; salaire minimum; autorisation légale de faire grève et de dresser des piquets de grève; protection accrue contre les accidents du travail et les maladies professionnelles encore, de nos jours, beaucoup trop nombreux; lois interdisant le recours aux *scabs*, ou *briseurs de grève*. Puis, un gain qui allait consolider les structures syndicales, la généralisation de ce qu'on a appelé la *formule Rand*.

La formule Rand

En 1945, une grève a lieu chez Ford à Windsor, en Ontario. Agissant comme arbitre, un juge du nom de Ivan Rand oblige Ford à percevoir les cotisations syndicales à la source, donc à même les salaires de tous les employés, *membres ou non du syndicat*, et à les verser au syndicat.

Le principe est le suivant: quand, *majoritairement*, les salariés d'une entreprise fondent un syndicat, ce syndicat négocie les conditions de travail de *tous* les salariés, y compris de ceux et celles qui forment la *minorité non syndiquée.*

En conséquence, les salariés non syndiqués et minoritaires profitent autant que les syndiqués des gains obtenus par le syndicat. Dans ces conditions, il n'est que juste, estima le juge, qu'ils paient les cotisations syndicales qui permettent au syndicat de faire son travail. Par contre, cette obligation de payer n'entraîne pas pour autant l'obligation de devenir membre du syndicat.

Cette façon de faire s'appelle, depuis, la *formule Rand*.

Au Québec, en 1966, le gouvernement accepta d'appliquer la formule Rand au syndicat des fonctionnaires.

Puis, en 1977, dans la foulée d'une importante grève du Syndicat des travailleurs de l'automobile (FTQ) à la United Aircraft de Longueuil (aujourd'hui Pratt & Whitney), le gouvernement de René Lévesque accepte d'inclure la formule Rand dans le Code du travail. Depuis, au Québec, toute convention collective inclut obligatoirement la *formule Rand*.

Pareille pratique évite aux syndicats la tâche fastidieuse d'aller collecter les cotisations syndicales, paie après paie, auprès de chaque membre du syndicat, puisqu'elles sont déduites à la source.

La formule est juste : il n'est que justice que ceux qui profitent d'une chose en assument leur part des coûts. La *formule Rand* permet aux syndicats, étant donné la stabilité assurée de leurs revenus, de fournir de meilleurs services à leurs membres, de mener des recherches et d'investir temps et argent dans l'organisation de nouveaux syndicats.

En l'absence d'une telle pratique, il est évident que le syndicat serait obligé de consacrer à la simple perception des cotisations des énergies plus utiles et rentables ailleurs dans l'organisation, la mobilisation, la recherche, bref, dans la lutte syndicale.

À ces gains majeurs se sont ajoutés des avantages plus pratico-pratiques que l'on pourrait dire naturels à tout grand groupe et qui sont apparus dans le courant ordinaire des choses. Moins spectaculaires au départ, ces gains n'en sont pas moins porteurs d'avenir pour l'ensemble de la société.

Ainsi, au cours de la négociation des conventions collectives, les syndicats vont réclamer de l'employeur, et le plus souvent obtenir, qu'il participe avec eux à des programmes privés d'assurances que les régimes publics n'offrent pas encore. Exemples : une assurance pour les soins dentaires ; un fonds de pension avantageux ; une assurance pour des soins de santé ou des conditions d'hospitalisation non couverts par l'assurance maladie, etc.

Les gains de ce genre, que les syndicats obtiennent pour leurs membres, ont souvent constitué, dans le passé, un premier pas vers un programme public. Exemple éclatant : l'assurance maladie. Avant que le mouvement syndical ait réussi à convaincre les gouvernements de la nécessité d'un régime public, plusieurs de ses membres en connaissaient déjà les avantages, puisqu'ils bénéficiaient, depuis quelques années, d'assurances collectives négociées par leur syndicat. Quand ils luttèrent pour que soit créé un régime d'assurance maladie public, ils savaient donc parfaitement de quoi ils parlaient.

Autre exemple d'avantages venant avec la force du nombre : se sachant fort attrayants pour les compagnies d'assurances, les syndicats sont en mesure d'obtenir, pour leurs membres, des conditions avantageuses. Ainsi, ils obtiendront des *prix d'ami* pour l'assurance-automobile, l'assurance-habitation, l'assurance-vie, etc.

Sur un autre plan, exemple d'un avantage né de la solidarité : la mise sur pied des caisses d'économie, des coopératives d'épargne et de crédit, affiliées au Mouvement Desjardins.

Implantées directement en milieu de travail, les caisses d'économie sont plus sensibles aux besoins de leurs membres. On les retrouve, par exemple, chez les employés de Gaz Métropolitain et de Labatt, chez les pompiers de Montréal, dans des hôpitaux et, bien sûr, chez les employés des grandes centrales syndicales. Bref, il y a, en 2006, 42 caisses d'économie, regroupant 265 000 membres et un *volume d'affaires* de 7 milliards de dollars.

Il y a une entente, d'ailleurs, entre les caisses d'économie et les centrales CSQ, FTQ et CSN, en vue de protéger et de stimuler l'emploi et de mieux assurer *la sécurité financière des travailleuses et des travailleurs du Québec.*

Les gains pour l'ensemble de la population

Récemment, en ouvrant une brèche dans le monde de la haute finance, le monde syndical créait un précédent en Amérique du Nord en mettant au monde une institution qui allait constituer non seulement un gain pour ses membres, mais également pour l'ensemble de la population:

Le Fonds de solidarité FTQ

En 1983, la FTQ annonce la création d'un fonds qu'elle appelle le Fonds de solidarité.

Son objectif: grâce à l'argent souscrit par les travailleuses et les travailleurs du Québec, syndiqués ou non, le Fonds se donne la mission d'investir dans les entreprises soit pour maintenir des emplois menacés de disparaître, soit pour en créer de nouveaux.

En outre, le Fonds se reconnaît une fonction d'éducation à l'économie : amener ses membres, grâce à une équipe de formateurs spécialisés, à mieux saisir les enjeux financiers et les contraintes propres à la vie de l'entreprise.

Les gouvernements du Québec et du Canada, estimant que le projet était de nature à stimuler l'emploi et le développement économique, accordèrent aux personnes qui plaçaient de l'argent dans le Fonds de solidarité les avantages fiscaux d'un régime enregistré d'épargne-retraite (REER) ainsi qu'un crédit d'impôt spécial.

L'humble Fonds qui était dans son berceau, en 1983, est devenu une force financière de taille dans le paysage québécois. Fin 2005, il comptait 565 886 actionnaires, détenait un actif qui dépassait les six milliards deux cent millions de dollars et estimait avoir contribué à *créer, maintenir ou sauvegarder* plus de 105 000 emplois dans les entreprises québécoises.

En raison du succès du Fonds de solidarité FTQ, la CSN mettait sur pied à son tour, en 1996, son Fondaction, également destiné à l'amélioration de l'emploi. Quant à la CSQ, elle s'est associée au Fonds de solidarité FTQ. Ses membres composent le deuxième groupe en importance des actionnaires du Fonds.

Le mouvement syndical, quoi de plus normal, a toujours soutenu les grands programmes sociaux, à commencer par ceux qui sont en lien direct avec le travail, comme la loi touchant les accidents du travail, mais également ceux qui intéressent l'ensemble de la population, comme l'assurance maladie, par exemple.

Rapidement, nous allons faire un bref survol de ces programmes et mesures.

Les accidents du travail : la CSST

«*Appelle le docteur !...*»

— As-tu perdu le bras et la jambe dans le même accident ?

— Oui, monsieur. Je suis tombé dans un trou et l'essieu de la roue m'a écrasé la jambe et le bras.

— Quel âge avais-tu ?

— Douze ans, presque treize.

— Quel âge as-tu maintenant ?

— Je vais sur mes 19 ans.

— Que fais-tu actuellement ?

— Rien du tout.

— Est-ce que ton patron a fait quelque chose pour toi ?

— Eh bien, il m'a donné 10 dollars en plus de ce qu'il me devait et on a fait une collecte qui m'a rapporté 25 dollars de plus.

— Cette souscription a été faite parmi les ouvriers ?

— Oui, monsieur.

— Qui a payé les médicaments et le médecin ?

— C'est moi, monsieur, mais je crois bien que le patron a payé les frais d'hôpital. J'y suis resté 16 jours[121].

Cela se passait au Canada, il y a 100 ans à peine.

En fait, aucune loi ne protégeait, même minimalement, les travailleurs et les travailleuses. La Loi des manufactures, votée au Québec en 1885, réglementait la durée du travail et fixait quelques règles très élémentaires d'hygiène. Cette loi sera, par la suite, plusieurs fois modifiée.

La version la plus récente remonte à 1980, lorsque l'actuelle Commission de la santé et de la sécurité du travail fut implantée. La CSST est chargée de l'application des lois relatives à la sécurité du travail et de veiller à la prévention. Ainsi, par exemple, la loi prévoit qu'une personne peut refuser un travail dangereux, et qu'une femme enceinte peut exiger un changement d'affectation si le travail qui est d'ordinaire le sien comporte des risques pour sa santé ou celle de son enfant, ce qu'on appelle le *retrait préventif*. « *Si l'être humain doit travailler pour gagner sa vie, il n'a pas*

121. Témoignage d'un jeune employé de scierie, à Ottawa, devant la Commission d'enquête sur les relations entre le Travail et le Capital, 1887, cité dans Dennis Guest, *Histoire de la sécurité sociale au Canada*, Montréal, Boréal, 1993, p. 42.

à le faire au péril de sa santé, de son intégrité physique ou de sa vie», disait le ministre à l'origine de la loi, Pierre Marois. Le financement de la CSST est assuré par la perception d'une prime auprès des employeurs.

L'assurance-chômage

> *Au centre des réclamations du mouvement syndical auprès des gouvernements, dans les années trente, se détachent deux préoccupations majeures : la question des relations de travail et celle des mesures de sécurité sociale comme [...] l'assurance-chômage et l'assurance maladie[122].*

En 1940, le gouvernement vote enfin la première version de l'assurance-chômage, malgré l'opposition féroce des gens d'affaires de l'époque qui disaient : *Lorsque le bien-être des hommes devient une affaire d'État et que ce dernier empiète de plus en plus sur les prérogatives de l'entreprise privée, alors l'individu tombe sous l'emprise d'une domination que peuvent saisir et perpétuer de dangereux politiciens[123] !*

122. Jacques Rouillard, *Histoire du syndicalisme québécois*, Montréal, Boréal, 1989, p. 179.

123. Dennis Guest, *op. cit.*, p. 165, extrait de «The Welfare State», dans *Canadian Business*, 21 avril 1943, p. 14.

Au départ, trois sources alimentaient la caisse de l'assurance-chômage : les employés, les employeurs et le gouvernement. *Gratte-la-cenne* dans les premières années, le programme fut de plus en plus généreux par la suite. Tellement que, au milieu des années soixante-dix, les *dangereux politiciens* constatèrent que la caisse avait plongé dans le rouge ! Ils virèrent aussitôt leur capot de bord et entreprirent de déconstruire ce que leurs prédécesseurs avaient construit : *Au moment où l'on reconnaît que des taux de chômage élevés sont inhérents au fonctionnement de l'économie libérale se développe aussi une tendance à considérer de plus en plus les chômeurs comme étant responsables de leur état de chômage*[124].

Cerise sur le gâteau, le gouvernement arrêta de participer financièrement au programme en 1990 et en laissa la charge aux seuls employés et employeurs. Puis il entreprit de réduire les prestations et d'en rendre l'accès de plus en plus difficile. Il le limita tellement que, rapidement, la caisse vide commença à se remplir.

Début 2006, le surplus de la caisse d'assurance-*emploi* est estimé à 50 milliards de dollars ! La somme est énorme, mais n'a rien de surprenant : en 1989, plus de 83 % du total des chômeuses et des chômeurs avaient le droit de percevoir des prestations. En 2006, et c'est le cas depuis au moins 2001, seulement 46 % d'entre eux y avaient droit[125]. Alors, sur le dos des chômeuses et des chômeurs, les surplus s'additionnent aux surplus ! Principales victimes de cette politique : les femmes et les jeunes.

---

124. Georges Campeau, *De l'assurance-chômage à l'assurance-emploi*, Montréal, Boréal, 2001, p. 163.
125. *Rapport de l'actuaire en chef à la Commission d'assurance-emploi pour 2006.*

C'est pourquoi on a vu, au tournant du millénaire, se constituer une vaste coalition, principalement syndicale, pour contrer cette attaque virulente contre les chômeuses et les chômeurs. Cette lutte est loin d'être terminée et elle concerne toutes les travailleuses et tous les travailleurs, syndiqués ou non.

L'assurance maladie

En 1936, le gouvernement de Colombie-Britannique instaure un régime public d'assurance maladie qui *n'entra jamais en vigueur à cause de l'opposition de la corporation médicale*, écrit Dennis Guest, le grand spécialiste de ces questions[126]. Un an plus tard, l'Alberta fera à son tour une tentative et frappera un nœud médical !

En 1945, la Saskatchewan, gouvernée par la CCF, un parti social-démocrate, instaure, *à la manière d'un projet-pilote, un programme d'assurance-santé destiné aux pensionnés (aveugles et personnes âgées) et aux assistés sociaux*[127]. Deux ans plus tard, en 1947, elle introduisit le premier programme complet d'assurance-hospitalisation au Canada.

En 1961, une commission royale d'enquête canadienne reconnut que le secteur privé, jusque-là responsable d'assurer la santé de la population, avait lamentablement échoué : *Après plus de 35 ans d'efforts menés par les régimes privés et les assurances commerciales, seulement un peu plus de la moitié de la population du pays a quelque protection*

---

126. Dennis Guest, *op. cit.*, p. 143.
127. Yves Vaillancourt, *L'évolution des politiques sociales au Québec 1940-1960*, Montréal, Presses de l'Université de Montréal, 1988, p. 170.

d'assurance privée, et encore ne vise-t-elle que les services médicaux. [...] *Plus de 7,5 millions de Canadiens n'ont aucune assurance médicale*[128].

La même année, au Québec, l'assurance-hospitalisation sera officiellement implantée. L'assurance maladie, quant à elle, verra le jour en 1970.

Aujourd'hui, les tenants de la médecine privée n'ont pas désarmé, continuent leur combat et obtiennent des victoires inattendues et inquiétantes. Le régime public se déglingue dangereusement, depuis le milieu de la décennie 1990. Et cela, malgré la preuve incontestable qu'un régime public de santé est plus efficace et coûte beaucoup moins cher qu'un régime privé, comme aux États-Unis, lequel a tendance à ruiner les malades pauvres avant de les laisser tomber. Un chiffre éclairant : nous consacrons, au Canada, 10 % du revenu national à la santé[129], ce qui permet d'assurer la totalité de la population, en cas de maladie. Pendant ce temps, aux États-Unis, on consacre 15 % du revenu national à la santé. Ces cinq points de pourcentage sont lourds : ils signifient qu'aux États-Unis, les malades doivent défrayer des sommes qui équivalent aux coûts canadiens majorés de 50 %. Or, malgré ces coûts très élevés aux États-Unis, plus de 40 millions de personnes se retrouvent sans assurance, en cas de maladie !... Notons aussi que, chez les personnes assurées, la couverture prévue par l'assurance est très variable, selon que l'on est disposé à payer plus ou moins pour cette assurance...

---

128. Dennis Guest, *op. cit.*, p. 223.
129. Donnée fournie par le *Rapport Romanow*, cité par le Congrès du travail du Canada. Voir www.congresdutravail.ca

À cet égard, les plus vieilles et les plus vieux, au Québec et au Canada, en ont long à raconter. Parmi ces personnes qui ont connu la médecine privée, bien rares sont celles qui souhaitent un retour au passé, comme ce qui semble hélas! s'amorcer pour le nouveau millénaire! Avant de décider quoi que ce soit, le gouvernement devrait convoquer à la barre des témoins les personnes plus âgées qui ont vécu sous le régime privé d'avant l'assurance collective… et écouter leurs récits!

L'assurance-automobile

Au Québec, coupable pas coupable, responsable ou pas, la victime d'un accident de voiture est, sans égard à la faute, protégée par une assurance d'État. Et ce, depuis le 1er mars 1978, alors que le gouvernement québécois donnait raison au mouvement syndical et instituait un régime public d'assurance-automobile.

Cette assurance, toutefois, n'efface pas la responsabilité criminelle. Par exemple, si l'accidenté conduisait en état d'ébriété, il pourra être condamné à la prison, en vertu du Code criminel. Par contre, la victime ne pourra pas le poursuivre pour obtenir des compensations matérielles en plus de celles que l'assurance d'État lui assure.

Résultat: personne, au Québec, ne se retrouvera sans ressources parce que blessé lors d'un accident de voiture, y compris par un automobiliste ivre et sans ressources ni assurance privée.

Pour ce qui est des dommages matériels, ils ne sont pas assurés par l'État, mais le gouvernement oblige tout propriétaire de véhicule à détenir une assurance privée pour les couvrir.

En résumé, l'État assure les personnes blessées alors que les assureurs privés assurent la tôle froissée !

L'équité salariale et les *jobs de filles*

Une *job de fille*, c'était et c'est toujours moins payant qu'une *job de gars*. Au dernier recensement, en 2001, l'écart moyen de salaire entre les hommes et les femmes, au Québec, était de 33 %, nous rappelle le Conseil du statut de la femme. Autrement dit, quand un homme gagnait 100 $, une femme gagnait 67 $, tous métiers et toutes activités de

travail confondus, syndiqués ou non, professionnels ou travailleurs non qualifiés, etc.

Espoir à l'horizon toutefois : les statistiques tendent à démontrer que cet écart, très net chez les personnes de plus de 50 ans, tend à diminuer de manière significative chez les jeunes. Cette réduction de l'écart est en partie attribuable au fait qu'étant plus instruites que les garçons, les filles ont raison d'exiger et de s'attendre à ce que les écarts salariaux femmes-hommes s'évanouissent de plus en plus.

Pourquoi cet écart existe-t-il ? Parce que trop souvent, le salaire n'est pas fonction du travail fourni mais du sexe. *Job de gars* ? Plus payant. *Job de fille* ? Moins payant. Exemple patent de sexisme.

Partant du beau principe « à travail égal, salaire égal », on conclut que les tâches exécutées majoritairement par les femmes étant différentes de celles des hommes, elles n'étaient pas *égales*. N'étant pas *égales*, elles ont entraîné des salaires non *égaux*, donc… inférieurs ! C'est le sexisme à l'état brut : dans cette logique absurde, un gardien de zoo, de sexe masculin, peut donc gagner plus cher qu'une jardinière d'enfants, de sexe féminin, dans un centre de la petite enfance.

En riposte à cette injustice flagrante, mais chronique, est née l'idée de l'équité salariale : *un salaire égal pour un travail équivalent.* Autrement dit : le salaire doit être établi en fonction de la *tâche* et des conditions dans lesquelles elle doit être effectuée, et non du sexe.

Exemple : si la saleté qui se retrouve forcément dans un garage peut justifier que le salaire du garagiste compense cet inconvénient par une prime, il n'y a aucune raison qu'il en soit autrement pour la préposée aux malades, dans un hôpital, qui ne joue pas précisément dans un jardin de roses…

Pourquoi, en ce sens, la profession enseignante, largement occupée par des femmes, mériterait-elle une rémunération moins élevée que celle des professionnels d'une autre discipline, de formation équivalente, mais majoritairement masculins ?

La tâche d'établir cette équité est rendue difficile, on le voit bien, notamment par le fait qu'hommes et femmes occupent souvent ce qu'on appelle des ghettos d'emplois : infirmières, coiffeuses, secrétaires… sont des postes quasi exclusivement féminins, alors que sont quasi exclusivement masculins les emplois de mécaniciens, de conducteurs de camions, etc.

En 1996, sous la pression du mouvement syndical alerté par ses militantes, le gouvernement du Québec adoptait une loi imposant l'équité salariale aux entreprises. La mise en application de cette loi (aux dents molles, selon plusieurs...) s'étend sur plusieurs années. En outre, elle est assez complexe, notamment quand vient le moment d'établir ce qui est *équivalent* et ce qui ne l'est pas. Cette

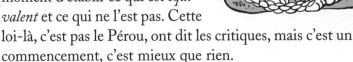

loi-là, c'est pas le Pérou, ont dit les critiques, mais c'est un commencement, c'est mieux que rien.

L'aide sociale

> En 1815, le refuge pour les pauvres de Toronto exigeait de tout individu demandant de l'aide qu'il casse 650 livres de pierres. [...] Pour les responsables de ces politiques, il s'agissait là d'un moyen infaillible de détecter les demandes frauduleuses.
>
> DENNIS GUEST[130]

Il n'a jamais été facile de vivre dans l'indigence et personne ne se souhaite un tel malheur. Pendant des siècles et des siècles et, hélas!, encore aujourd'hui, on a parfois tenu les pauvres pour responsables de leur pauvreté.

---

130. Dennis Guest, *op. cit.*, p. 62.

Il fallut beaucoup de temps pour identifier les causes profondes de la pauvreté : les rapports de force entre les puissants de ce monde et les populations, les classes sociales, le racisme et le sexisme, les systèmes d'exploitation, la mauvaise distribution de la richesse, le développement industriel inégal, le lieu et l'époque de sa naissance, la maladie, l'accès à l'éducation, le hasard, etc.

Au Québec, c'est en 1969 que l'État a compris qu'il était nécessaire, équitable et juste de venir en aide à toute personne sans revenus, sans discrimination d'aucune nature et peu importe la raison de cette absence de revenus. Un système de sécurité du revenu, l'aide sociale, était alors mis sur pied, de concert avec Ottawa. C'est là une mesure dite de dernier recours, une fois épuisées toutes les autres possibilités d'assurer sa propre subsistance.

Cette aide, on le sait, est minimale et toujours menacée, à commencer par celle qui est réservée aux jeunes, de plus en plus difficile d'accès et soumise à des conditions de plus en plus contraignantes.

Des bourses aux prêts

L'éducation, c'est comme la boisson : y en a qui portent pas ça !

MAURICE DUPLESSIS,
ex-*cheuf* du Québec

Pas surprenant qu'avec ce premier ministre, il n'y ait pas eu de programmes de bourses ou de prêts destinés aux étudiantes et aux étudiants.

Le tout premier programme de bourses – pour les étudiants des universités seulement – remonte à 1939, juste après la défaite de Duplessis qui, de retour au pouvoir en 1944, l'abolira.

En 1960, avec le début de la Révolution tranquille, on verra redémarrer le programme de prêts et bourses aux étudiants universitaires, puis progressivement à ceux des collèges classiques, des cégeps, des institutions spécialisées et, depuis 1994, du secondaire professionnel.

Les montants versés varient d'une année à l'autre, de même que la proportion relative des bourses par rapport aux prêts. À titre d'exemple, en 2003-2004, Québec attribuait, en bourses, donc non remboursables, la somme totale de 315 millions de dollars et, sous forme de prêts, donc remboursables, la somme de 355 millions, pour un total de 670 millions. En somme, la tendance consiste à limiter les bourses et à offrir, de préférence, des prêts.

Les associations étudiantes, depuis plusieurs années, et avec l'appui des centrales syndicales, mènent la bataille pour améliorer les conditions de vie des étudiantes et des étudiants. Le programme de prêts et bourses fait partie de ces conditions.

Pensions et rentes aux personnes âgées

En 1925, le gouvernement libéral fédéral de Mackenzie King était minoritaire et donc un peu mal pris : pour conserver le pouvoir, il lui fallait absolument avoir l'appui des députés progressistes, dont les ancêtres du

NPD, soutenus par le mouvement syndical. Alors, pour s'attacher leur concours, et un peu à l'image de ce qui se passait à l'époque dans les pays progressistes sur le plan social, King instaura le premier régime de pensions de vieillesse. Ce régime n'était pas généreux, mais au moins le principe était posé.

Petit à petit, les prestations devinrent un peu plus généreuses.

En 2006, la pension de vieillesse est, au minimum, de 484,63 $ par mois et, au maximum, de 1 078,60 $ pour une personne seule et sans autres revenus. Un couple de personnes âgées touchera, au maximum, 1 748,60 $ par mois.

Mais tout cela est fragile. À tout bout de champ, le gouvernement fédéral tente de gruger dans le programme. Si les jeunes ne commencent pas, tôt, à jeter un œil là-dessus, ils pourraient avoir de mauvaises surprises dans quelques années.

Les rentes du Québec

Au Québec, depuis 1966, toute personne qui travaille doit contribuer à un régime public de rentes. Et à l'âge de 60 ans, toute personne qui y a contribué peut toucher une rente jusqu'à la fin de ses jours.

Cette rente, versée par la Régie des rentes du Québec, est établie partiellement en fonction des revenus gagnés par les bénéficiaires au cours de leur vie de travail. Au printemps

2006, la rente maximum d'une personne de 65 ans était de 844,58 $ par mois. Cette rente est indexée au coût de la vie et s'ajoute, bien sûr, à la pension fédérale de vieillesse. Tout cela ne donne pas le goût de vieillir, mais rend l'inévitable vieillesse un tout petit peu plus confortable.

Les établissements verts Brundtland (EVB)

Sur un tout autre plan, celui de l'éducation à l'environnement, la CSQ prend une initiative intéressante non seulement pour ses membres mais pour l'ensemble de la population, par le biais des élèves qui fréquentent nos écoles.

La CSQ a développé un concept inédit et implanté une pratique qui a pris le nom d'établissement verts, en l'honneur de Gro Harlem Brundtland, ex-première ministre social-démocrate de Norvège et présidente de la Commission mondiale sur l'environnement et le développement créée par l'ONU en 1983.

Un réseau québécois d'écoles qui ont le souci de l'éducation concrète à l'environnement a été mis sur pied. Les écoles qui acquièrent le qualificatif d'établissements verts Brundtland doivent pratiquer, par exemple, le recyclage du papier, ou se préoccuper de l'environnement dans et autour de l'école. Ces écoles singulières voient aussi à ce que les élèves prennent conscience du caractère non renouvelable de plusieurs ressources naturelles et de l'exploitation dont sont victimes les populations des pays du tiers-monde dont les ressources sont souvent pillées au profit des pays riches.

Ces écoles entendent fondamentalement amener les jeunes à *agir localement*, à *penser globalement*, en vue d'un *développement durable* et donc d'un *avenir viable*, idée que l'on retrouve au cœur du rapport *Notre avenir à tous*, de la Commission Brundtland.

Les ACEF

À la fin des années soixante, les prêteurs usuraires qu'étaient les *compagnies de finance* furent spectaculairement dénoncés par la CSN qui, pour protéger ses membres, mit sur pied des ACEF, soit des Associations coopératives d'économie familiale.

Ces ACEF se donnèrent pour mandat de conseiller les travailleuses et les travailleurs sur la façon de gérer un budget et les assistèrent dans leur défense contre les abus inacceptables des *compagnies de finance*.

Les résultats dépassèrent les plus fortes espérances : les *compagnies de finance* reculèrent et calmèrent leurs ardeurs ; les Caisses populaires, dénoncées pour leur frilosité à soutenir les gens dans le besoin, ouvrirent plus grand leurs portes ; la clientèle des ACEF s'élargit et elles devinrent autonomes.

Ayant aujourd'hui pignon sur rue comme organismes indépendants de défense des consommateurs, les ACEF sont une belle invention syndicale cédée à l'ensemble de la population pour son mieux-être.

CHAPITRE 12

EN ATTENDANT D'ÊTRE MEMBRE D'UN SYNDICAT OU D'EN FONDER UN!

L'avez-vous remarqué? Les camelots, filles ou garçons, transportent de plus en plus leurs journaux dans de petits chariots. L'air de rien, c'est une victoire et un progrès.

Midi moins cinq

— Ton sac!...

— Mon sac?... Quoi, mon sac?

— Il n'est pas ergonomique.

— Ergo... quoi?

— Ton sac est un instrument de travail inconfortable, qui risque de te déformer le corps.

— Hein? Mon sac de journaux?

— Regarde-toi dans le miroir. Sans ton sac, ton corps est droit comme un piquet. Mais quand tu places ton sac plein de journaux sur ton épaule, t'as l'air de la tour de Pise! Tu penches d'un côté!

— C'est normal! Faut bien que je rétablisse l'équilibre. Autrement, je tomberais à terre!

— C'est normal, mais veux, veux pas, ça te déforme...

— Franchement!

— Une fois, c'est pas grave, mais tous les matins… Tu vas finir par avoir l'air d'un arbre battu par le vent! Les gens vont t'appeler midi moins cinq!

— Grand comique!

— J'exagère, mais ça risque de te déformer la colonne vertébrale! On va faire changer ça.

L'*affaire* des sacs de journaux n'est pas une *affaire* insignifiante. Il y a quelques années, elle suscita un très vif débat public entre l'éditeur d'un grand quotidien et le père d'un camelot particulièrement bien équipé pour en parler: il était spécialiste en… ergonomie! *Tu déformes mon enfant!* se plaignit le père, indigné. *Tu me prends pour le tortionnaire que je ne suis pas*, répliqua l'éditeur.

Le père du camelot finit par gagner, ce qui démontre que, pour défendre ses droits, mieux vaut être en mesure d'argumenter sérieusement. C'est ce à quoi s'applique l'organisme *Au bas de l'échelle* qui, depuis 25 ans, travaille d'arrache-pied à informer et à défendre les personnes non syndiquées.

Ce que l'expérience a appris à ce père est clair: *Le meilleur moyen d'améliorer ses conditions de travail, c'est encore de se donner un syndicat afin de pouvoir négocier une convention collective avec l'employeur.* Hélas! on n'en est pas encore là, puisqu'en 2006, il y a encore tout près de 60% des personnes sur le marché du travail qui ne sont pas syndiquées.

Si vous êtes de ce nombre et que vous avez des ennuis avec votre *job*, oubliez l'idée de vous tirer d'embarras tout seul: n'hésitez pas à prendre contact avec une centrale syndicale ou avec les organismes de défense des non-syndiqués, parce que les lois du travail ne sont pas simples et que les employeurs sont souvent ratoureux!

La défense des non-syndiqués

Le plus grand et le plus connu des organismes voués à la «défense des droits des personnes non syndiquées» s'appelle *Au bas de l'échelle*. Ce groupe existe depuis 1975 et sa très bonne réputation repose sur son efficacité, son sérieux et la très grande qualité de son travail.

À Trois-Rivières, il existe aussi le *Comité d'action des non-syndiqué-e-s*, le CANOS.

Dans le cas particulier du personnel domestique, souvent constitué de néo-Québécois, de néo-Québécoises surtout, il existe, à Montréal, un organisme spécifique appelé *Association pour la défense des droits du personnel domestique*.

Dans le présent texte, on aura abondamment pigé des informations dans la documentation précise et très

fouillée de *Au bas de l'échelle* (merci bien !), membre
fondateur du *Front de défense des non-syndiqué-e-s,* un
organisme qui rassemble une trentaine de groupes de
jeunes, de chômeuses et chômeurs, de néo-Québécois,
de femmes, etc.

La Loi sur les normes du travail

Les droits de la personne non syndiquée sont inscrits
dans la *Loi sur les normes du travail.* Pour veiller à l'application de cette loi, il existe la Commission des normes du
travail.

En 2004, 1 679 084 personnes, soit 58 % de la main-
d'œuvre québécoise, n'avaient que la loi des normes minimales du travail pour encadrer leurs conditions de travail,
nous dit la Commission. C'est dire son importance. Malheureusement, constate *Au bas de l'échelle, en plus d'être mal
adaptées aux nouveaux statuts d'emploi* (précarité sous
toutes ses formes), *les lois qui déterminent les droits des travailleuses et travailleurs non syndiqués sont peu connues,
insuffisamment respectées et font l'objet d'attaques incessantes
de la part d'un patronat qui considère les réglementations du
marché du travail comme autant d'entraves au libre marché.*

Dans le contexte actuel [...] *de la globalisation des marchés, les travailleuses et travailleurs ont plus que jamais besoin d'être protégés par des normes de travail justes et équitables*[131].

Or, non seulement la loi des normes minimales manque de dents, mais les exclusions sont nombreuses: certains types de gardiennage, certaines catégories de stagiaires, de même que les entrepreneurs indépendants et les travailleuses et travailleurs autonomes ne sont pas protégés par cette loi décidément... *minimale*!

Le salaire minimum

Le salaire minimum est le plancher sous lequel tout salaire est illégal. (Sauf exceptions, nombreuses!)

Il y a trois niveaux de salaire minimum:

1. Au 1er mai 2005: 7,60 $ l'heure. Que vous soyez payé à l'heure, à la pièce ou au rendement, vous devez recevoir au moins 7,60 $ l'heure pour le temps travaillé.

Esther Paquet, du groupe *Au bas de l'échelle*, a pu calculer que si, en 1977, en travaillant au salaire minimum pendant 40 heures par semaine, on se maintenait au-dessus du seuil de faible revenu, il fallait, en 2005, pour arriver au même résultat, travailler non plus 40 mais 52 heures par semaine! Comme quoi, avec le salaire minimum, au lieu d'avancer, on recule!... Rappelons ici que déjà, en 1998-1999, tous les groupes de défense des non-syndiqués estimaient que le salaire minimum général devrait être de 8,45 $ l'heure. On est très loin du compte!...

---

131. Au bas de l'échelle, *L'abc des non-syndiqué-e-s — Vos droits au travail*, 2004, p. 7.

2. Pour les gens à pourboires, le salaire minimum, en mai 2005, est de 6,85 $, plus les pourboires. Attention : l'employeur peut recueillir les pourboires et les partager équitablement entre les personnes qui jouent un rôle dans le service à la clientèle. Chaque semaine, le travailleur doit déclarer à son employeur les pourboires reçus et les inscrire dans le registre des pourboires. L'employeur doit croire l'employé sur parole, mais il est obligé d'inscrire que l'employé a reçu, en pourboires, la valeur d'au moins 8 % des ventes.

Cela augmente l'impôt à payer, mais assure de meilleures paies de vacances, de meilleures indemnités dans plusieurs circonstances (assurance-emploi, congés fériés, mariage, décès, cessation d'emploi, régime public des rentes du Québec…), puisque ces indemnités, en argent et en temps, sont établies en fonction du revenu total.

3. Dans le cas des aides familiales et domestiques qui habitent chez leur employeur, le salaire est payable à l'heure, à un taux qui ne peut être inférieur au salaire minimum, auquel s'ajoutent les heures supplémentaires, payables à temps et demi.

La semaine de travail normale

En 1996, la semaine dite normale de travail était de 44 heures, au-delà desquelles l'employeur devait payer les heures supplémentaires à temps et demi. À la suite des demandes du mouvement syndical au cours du Sommet de 1996, le gouvernement accepta de réduire la durée de cette semaine d'une heure par année, à chaque premier jour du mois d'octobre, de façon à atteindre les 40 heures le 1er octobre 2000. Depuis, la semaine dite normale demeure de 40 heures.

Il y a des exceptions selon que l'on travaille comme agent de sécurité, gardien dans l'industrie forestière, etc. À ce sujet, mieux vaut consulter la Commission des normes du travail ou *Au bas de l'échelle*.

LE 7e JOUR, DIEU CRÉA LE CONGÉ

ZUT! MON PREMIER JOUR DE CONGÉ...

AS FAUDRAIT QUE JE REPEINTURE LE FIRMAMENT...

De toute manière, l'employeur ne peut contraindre une personne à travailler plus de six jours consécutifs. Le septième jour, pas nécessairement le dimanche, est un congé et, ce septième jour, *l'employeur ne peut pas obliger cette personne à travailler.* Durée minimum de ce congé: 32 heures.

Les heures supplémentaires

Toute heure de travail fournie au-delà de la *semaine normale* de travail est payable *en argent*, à *temps et demi*. Toutefois, si l'employeur et l'employé sont d'accord, le paiement peut prendre la forme d'un congé. Par exemple, *quatre heures de travail* en heures supplémentaires seront payées par un *congé de six heures payées.*

Les heures supplémentaires sont *obligatoires* (eh oui!...), sauf si l'employé a déjà travaillé six jours de suite ou a des obligations parentales inévitables.

La journée... normale ?

Il y a la *semaine de travail* dite *normale,* mais il n'y a pas de *journée normale!* Résultat: l'employeur peut faire travailler l'employé en alternance des journées de douze heures et de trois heures, suivies d'une journée de neuf heures, tant qu'il le veut, *sans jamais payer d'heures supplémentaires,* pourvu qu'au total l'employé ne travaille pas plus d'heures que le nombre prévu dans la semaine normale.

Il faudrait donc qu'il y ait, dans la loi, la définition d'une *journée normale,* soit *huit heures au maximum,* au-delà desquelles l'employeur devrait payer au taux des heures supplémentaires, soit une fois et demi le salaire horaire de base. Et cela, même si, au total, le nombre d'heures travaillées, durant la semaine, est inférieur à la *semaine* dite *normale.* C'est d'ailleurs le cas pour les personnes assujetties au Code canadien — et non au Code québécois — du travail.

La feuille de paie

Très, très, très important! En remettant la paie, l'employeur doit aussi remettre, *obligatoirement,* un document où il explique, en *détails,* les calculs divers qu'il a effectués pour en arriver au montant qu'il verse.

La feuille de paie doit comprendre les noms de l'employeur et de l'employé; le titre du salarié; la date du paiement et la période de travail couverte par le paiement; le nombre d'heures payées au taux simple et le nombre d'heures supplémentaires payées au taux et demi; la nature et le

montant des indemnités, allocations ou commissions; le taux de base du salaire; la nature et le montant des déductions; le montant du salaire net; le montant des pourboires déclarés, dans le cas des employés à pourboires.

Il est très important de connaîre tous ces détails car, autrement, comment vérifier les calculs du comptable de l'entreprise à qui il peut arriver, comme à tout le monde, de se tromper? Sans compter que cela permet à l'employé de calculer ce qui lui est dû pour ses vacances, ses congés payés, son assurance-emploi dans le cas d'une cessation d'emploi.

Congédiements, mises à pied et cie

Une *mise à pied*, c'est un arrêt de travail temporaire, en raison d'un manque de travail.

La *mise à pied* devient un *licenciement* si le manque de travail est définitif. Dans les deux cas, la personne n'est pas blâmable.

Un *congédiement*, par contre, c'est le renvoi brutal de la personne et son remplacement par une autre.

Dans le cas des *mises à pied* et des *licenciements*, l'employeur a des règles à suivre :

- *n'importe quand, au cours des trois premiers mois d'embauche,* le patron peut mettre à pied ou licencier sans préavis ;
- *à compter du quatrième mois,* il doit remettre à la personne visée un préavis écrit :
  - *d'au moins une semaine* si la personne a moins d'un an de service ;
  - *de deux semaines* si la personne a entre un an et cinq ans de service ;
  - *de quatre semaines* si la personne travaille dans cette entreprise depuis au moins cinq ans mais moins de dix ans ;
  - *de huit semaines* pour une personne qui a dix ans de service et plus.

Attention : les congédiements

Actuellement, un patron peut congédier, *sans raison*, n'importe lequel de ses employés qui a *moins de trois ans de service. Et il n'a aucune justification à donner.*

Si la personne congédiée a *deux ans et plus de service*, elle peut porter plainte à la Commission des normes du travail qui, dans le meilleur des cas, forcera le patron à le reprendre à son service en lui versant le salaire perdu ou en lui payant au moins une indemnité.

L'organisme *Au bas de l'échelle* cherche à obtenir qu'après *un an de service, au lieu de deux*, le patron soit tenu de justifier tout congédiement.

Il est né, le divin bébé...

Oui, toute employée a droit à un congé de maternité d'une durée de 18 semaines continues, mais sans salaire, sauf les prestations d'assurance-emploi si elle y a droit.

De retour au travail, l'employée reprend son poste.

Et si le poste n'existe plus, l'employeur doit offrir à l'employée ce qu'il lui aurait offert si elle avait été au travail : ou un autre poste, ou les indemnités auxquelles elle aurait eu droit si elle avait été au travail au moment de l'abolition de son poste.

Il en va de même pour le père, mais le congé est d'une durée de cinq semaines. Sans salaire...

Mais ici encore, consultez : il y a des délais à respecter, des avis à expédier, des documents à présenter, etc.

Si vous avez un revenu assurable de 2 000 $ ou plus, vous pouvez avoir recours au *Régime québécois d'assurance parentale* (RQAP) en vigueur depuis le 1er janvier 2006.

Ce régime prévoit un congé de maternité de 18 semaines, payable jusqu'à concurrence de 70 % du salaire, ou alors de 15 semaines à 75 %. Le congé de paternité est de cinq semaines à 70 % du salaire, ou de trois semaines à 75 %.

Un congé parental est aussi prévu et s'adresse indifféremment aux deux parents. Dans ce cas, il est de 32 semaines dont sept à 70 % du salaire et 25 à 55 %, ou alors de 25 semaines à 75 % du salaire.

Les intéressé-e-s ont avantage à prendre des informations précises au 1-888-610-7727 ou à consulter le site *www.rqap.gouv.qc.ca*.

Vive les vacances...

Enfin, les vacances !... Et là, c'est dur : il faut se résigner à des vacances plus courtes et à des congés moins nombreux qu'au temps de l'école !

Les vacances annuelles payées sont, au minimum :

- *après cinq ans de service continu* : trois semaines consécutives payées ;
- *après un an* : deux semaines consécutives payées ;
- *moins d'un an* : un jour par mois de service.

Tant mieux si l'employé et l'employeur s'entendent, mais c'est l'employeur qui a le dernier mot sur la date des vacances. Il doit toutefois en avertir l'employé au moins quatre semaines à l'avance.

Enfin, tout salarié a droit, en plus, à huit congés payés par année, soit :

1. le jour de l'An ;
2. le Vendredi saint ou le lundi de Pâques ;
3. le lundi précédant le 25 mai, pour célébrer, au choix, Dollard des Ormeaux ou la reine ;
4. le 24 juin pour marquer la fête nationale du Québec ;
5. le 1er juillet pour la fête du Canada ;
6. le premier lundi de septembre pour la fête du Travail ;
7. le deuxième lundi d'octobre pour l'Action de grâce ;
8. le jour de Noël.

Des problèmes ? plaignez-vous !

La *Loi sur les normes du travail* est utile, malgré ses faiblesses, parce que, en moyenne, environ 30 000 plaintes par année sont présentées à la Commission des normes du travail. Une moyenne de 120 plaintes par jour de travail. La très grande majorité de ces plaintes ont trait à des questions monétaires.

Conclusion

ÇA S'APPELLE ÊTRE UNE CITOYENNE, UN CITOYEN...

Le syndicalisme a contribué à changer le monde et à l'améliorer, comme on l'a vu tout au long des pages précédentes. Il est donc possible d'y arriver, pour peu que l'on respecte deux règles fondamentales.

Règle numéro 1: Savoir et croire qu'on peut vraiment changer le monde

En conséquence, refuser absolument l'idée que la pollution et le chômage, c'est *normal*, qu'il y aura toujours des pauvres parce que c'est *fatal*, que le racisme et le sexisme, c'est *naturel*.

Autrement dit, rejeter résolument la *fatalité*, donc refuser de subir le *système* comme si c'était un phénomène naturel au même titre que la succession des saisons: *dans les questions politiques, sociales, économiques, il n'y a pas de fatalité, il n'y a que des conséquences logiques à des gestes qui sont posés.*

Libre à nous, alors, de poser les gestes qui conviennent et de ne pas laisser à d'autres le soin de le faire à notre place et dans leur intérêt. Libre à nous de prendre en

mains notre destin : *À nous de prendre le pouvoir au quoti-*
dien afin de construire le monde dans lequel nous souhaitons
vivre et que nous souhaitons offrir à nos enfants. Un geste à la
fois[132].

Agir, donc, mais de façon réfléchie. Une personne
véritablement citoyenne s'informe, ne se laisse pas berner
facilement et, devant les événements, sait conserver une
distance critique et sa capacité de juger. Autrement dit, il
s'agit d'une personne capable de critiquer les autorités
quand elles déraisonnent, de les soutenir quand elles
posent les gestes qui répondent le mieux à l'intérêt commun, et de protester quand on abuse d'elle ou des autres.

C'est aussi quelqu'un qui s'intéresse à tout ce qui
concerne sa société et peut l'améliorer : l'emploi et
l'économie, la santé publique, l'eau, l'environnement, le
racisme, les politiques sociales, l'art public, l'éducation, le
sexisme, la jeunesse… :

> *La recherche du bien commun exige aussi que nous réflé-*
> *chissions sérieusement à l'avenir de la planète. La Terre*
> *elle-même représente notre bien collectif le plus précieux et*
> *elle est malmenée par les décisions quotidiennes des préda-*
> *teurs industriels ou financiers qui ne pensent qu'à leurs*
> *profits immédiats. Forêts dévastés, cours d'eau hautement*
> *pollués, gaz à effet de serre, villes étouffées par le smog,*
> *organismes génétiquement modifiés, où tout cela nous*
> *mènera-t-il ?* […] *Il nous faut donc définir collectivement*
> *ce qui appartient à l'espace du bien commun*[133].

Et… agir !…

---

132. Laure Waridel, *op. cit.*, p. 142.
133. Françoise David, *op. cit.*, p. 34-35.

Règle numéro 2 : Pour changer le monde, il est préférable de s'engager à prendre ses responsabilités et de s'y mettre à plusieurs !

À ce sujet, les prévisions sont plutôt bonnes ! Il y a une dizaine d'années, le penseur progressiste Ricardo Petrella estimait qu'il y avait sur la planète quelque chose comme un demi-million *d'organisations non gouvernementales qui se battent quotidiennement pour plus de justice dans le monde, plus de démocratie, plus de liberté, plus de respect et de dignité humaine, plus de respect de la diversité culturelle, pour l'écologie, l'environnement, les femmes, les réfugiés, les chômeurs, les animaux, les plantes, les rivières, etc.*[134]

Or, à ce jour, dans l'histoire du monde, jamais les communications n'ont été aussi intenses entre tous ces groupes, associations, syndicats de partout autour de la planète. Cela, bien sûr, grâce aux nouvelles technologies, à commencer par Internet.

En 2000, Marche mondiale des femmes. Inimaginable il y a quelques années à peine. Après des siècles de manifestations locales contre un gouvernement, une compagnie, une politique quelconque, on sait maintenant qu'il est possible, désormais, d'organiser des manifs planétaires !

La citoyenneté pour nous n'est plus uniquement municipale, québécoise ou canadienne : elle est maintenant mondiale. Elle n'en suppose pas moins un ancrage et un enracinement local, à la base.

---

134. Ricardo Petrella, « Les dangers de la mondialisation », *Options*, CEQ, n° 15, automne 1996.

Un peu comme les environnementalistes qui pensent globalement et agissent localement, les véritables citoyennes et les vrais citoyens, à partir de leurs différentes cités, réfléchissent désormais à l'échelle du monde. Leur objectif: édifier un *avenir viable*, ce que la CSQ définit comme *un avenir qui n'oppose pas les peuples et les cultures mais tend plutôt à les harmoniser, qui respecte les équilibres écologiques et qui tend à la résolution des conflits au lieu de les attiser.*

Un avenir non violent, pour le désarmement et le respect des droits humains, partout sur la Terre dont nous sommes, toutes et tous, citoyennes et citoyens à parts égales. Si ce genre de phrase n'était encore, il y a quelques années, que mots creux, ce n'est plus le cas aujourd'hui: depuis 2001, au Brésil, en Inde, au Mali, se réunit, une fois l'an, le *Forum social mondial* où viennent débattre de notre sort commun, dans une joyeuse anarchie et dans une grande solidarité, des femmes et des hommes des quatre coins de la planète.

On y parle moins d'argent et plus de Justice.

Et ça, c'est plus rare et, pour tout dire, plutôt bon signe!

BIBLIOGRAPHIE

L'Atlas 2006, Le Monde diplomatique, 2006.

Au bas de l'échelle, *L'abc des non-syndiqué-e-s — Vos droits au travail*, 2004.

Beaud, Michel, *Histoire du capitalisme*, Paris, Le Seuil, 1981.

Beaugrand-Champagne, Denyse, *Le procès de Marie-Josèphe-Angélique*, Montréal, Libre Expression, 2004.

Boudreau, Émile, *Un enfant de la grande dépression*, Montréal, Lanctôt éditeur, 1998

Bradbury, Bettina, *Familles ouvrières à Montréal*, Montréal, Boréal, 1995.

Brown, Craig (dir.), *Histoire générale du Canada*, Montréal, Boréal, 1990.

Campeau, Georges, *De l'assurance-chômage à l'assurance-emploi*, Montréal, Boréal, 2001.

Cardenal, Ernesto, *Hommage aux Indiens d'Amérique*, Paris, Orphée La Différence, 1989.

Collectif, *Les femmes et le travail, du Moyen-Âge à nos jours*, Éditions de la Courtille, 1975.

Collectif, *Histoire du mouvement ouvrier au Québec* (1825-1976), CSN/CEQ, 1979.

Coriat, Benjamin, *L'atelier et le chronomètre*, Paris, Christian Bourgois, 1979.

Côté, Renée, *La journée internationale des femmes*, Montréal, Remue-ménage, 1984.

David, Françoise, *Bien commun recherché – Une option citoyenne*, Montréal, Écosociété, 2005.

De Bonville, Jean, *Jean-Baptiste Gagnepetit: les travailleurs montréalais à la fin du XIXᵉ siècle*, Montréal, L'Aurore, 1975.

Dumont, Micheline et Louise Toupin, *La pensée féministe au Québec, de 1900 à 1985*, Montréal, Remue-ménage, 2003.

Ehrenreich, Barbara, *L'Amérique pauvre*, Paris, 10/18, 2004.

Fournier, Pierre, *De lutte en turlute*, Sillery, Septentrion, 1998.

Guérin, Daniel, *Le mouvement ouvrier aux États-Unis de 1866 à nos jours*, Paris, Maspéro, 1977.

Guest, Dennis, *Histoire de la sécurité sociale au Canada*, Montréal, Boréal, 1993.

Harvey, Fernand, *Révolution industrielle et travailleurs*, Montréal, Boréal Express, 1978.

Keable, Jacques, *Coopérer pour apprendre plus et mieux*, CSQ, 2002.

Ki-Zerbo, Joseph, *Histoire de l'Afrique noire*, Paris, Hatier, 1978.

Lacoursière, Jacques, Jean Provencher et Denis Vaugeois, *Canada-Québec 1534-2000*, Sillery, Septentrion, 2001.

Lavigne, Marie (dir.), *Travailleuses et féministes*, Montréal, Boréal Express, 1983.

Leclerc, Mario, *Jacques Demers : en toutes lettres*, Montréal, Stanké, 2005.

Lefranc, Georges. *Histoire du travail et des travailleurs*, Paris, Flammarion, 1975.

Martinet, Gilles, *Sept syndicalismes*, Paris, Le Seuil, 1979.

Menahem, Georges (dir.), *Enquête au cœur des multinationales*, Paris, Éditions Mille et une nuits, 2001.

More, Thomas, *L'Utopie*, Paris, Éditions sociales, 1976.

Pétré-Grenouilleau, Olivier, *Les Traites négrières*, Paris, Gallimard, 2004.

Programme des Nations Unies pour le développement (PNUD), Rapport 2005.

Rouillard, Jacques, *Histoire du syndicalisme québécois*, Montréal, Boréal, 1989.

Saucier, Jocelyne, *Jeanne sur les routes*, Montréal, XYZ éditeur, 2006.

Sicotte, Anne-Marie, *Quartiers ouvriers d'autrefois 1850-1950*, Québec, Les Publications du Québec, 2004.

Tétreault, Martin, « Les Canadiens français de Lowell (Massachusetts) et la tuberculose », *L'Archiviste*, Archives nationales du Canada, n° 118, 1999.

Trudel, Marcel, *Deux siècles d'esclavage au Québec*, Montréal, HMH, 2004.

Vaillancourt, Yves, *L'évolution des politiques sociales au Québec 1940-1960*, Montréal, Presses de l'Université de Montréal, 1988.

Waridel, Laure, *Acheter, c'est voter*, Montréal, Écosociété, 2005.

Westley, Margaret W., *Grandeur et déclin – L'élite anglo-protestante de Montréal – 1900-1950*, Montréal, Libre Expression, 1990.

Williams, Dorothy W., *Les Noirs à Montréal*, Montréal, VLB éditeur, 1998.

Zinn, Howard, *Histoire populaire des États-Unis, de 1492 à nos jours*, Marseille, Lux-Agone, 2002.

Centrales syndicales

Centrale des syndicats du Québec (CSQ)
9405, rue Sherbrooke Est
Montréal (Québec)
H1L 6P3
Tél.: (514) 356-8888; télécopieur: (514) 356-9999
www.csq.qc.net
Courriel: organisationsyndicale@csq.qc.net

Centrale des syndicats démocratiques (CSD)
9405, rue Sherbrooke Est, bureau 2000
Montréal (Québec)
H1V 3R9
Tél.: (514) 899-1070; télécopieur: (514) 899-1216
www.csd.qc.ca
Courriel: meunierr@csd.qc.ca

Confédération des syndicats nationaux (CSN)
1601, rue De Lorimier
Montréal (Québec)
H2K 4M5
Tél.: (514) 598-2121; télécopieur: (514) 598-2089
www.csn.qc.ca
Courriel: syndicalisation@csn.qc.ca

Fédération des travailleurs et travailleuses du Québec
(FTQ)
565, boul. Crémazie Est, bureau 12 100
Montréal (Québec)
H2M 2W3
Tél.: (514) 383-8000; télécopieur: (514) 383-8001
www.ftq.qc.ca
Courriel: ftq@ftq.qc.ca

Ressources diverses pour les travailleurs et travailleuses non syndiqués

Au bas de l'échelle
6839 A, rue Drolet, bureau 305
Montréal (Québec)
H2S 2T1
Tél.: (514) 270-7878; télécopieur: (514) 270-7726
www.aubasdelechelle.ca
courriel: abe@cam.org

Comité d'action des non-syndiqué-e-s
(CANOS)
39, rue Bellerive
Secteur Cap-de-la-Madeleine
Trois-Rivières (Québec)
G8T 6J4
Tél.: (819) 373-2332; télécopieur: (819) 373-1783
www.canosmauricie.org
Courriel: canos@canosmauricie.org

Association des aides familiales du Québec
1750, rue St-André
Montréal (Québec)
H2L 3T8
Tél.: (514) 272-2670; télécopieur: (514) 272-8338
www.aafq.ca
Courriel: aafq@aafq.ca

En cas d'accident de travail

Fondation pour l'aide aux travailleurs et travailleuses
accidentés (FATA)
6839-A, rue Drolet
Montréal (Québec)
H2S 2T1
Tél.: (514) 271-0901; télécopieur: (514) 271-6078
www.fata.qc.ca
Courriel: fata@cam.org

Union des travailleurs et travailleuses accidentés
de Montréal (UTTAM)
4533, rue De Lorimier
Montréal (Québec)
H2H 2B4
Tél.: (514) 527-3661; télécopieur: (514) 527-1153
Courriel: uttam@cam.org

Centre d'aide aux travailleurs et travailleuses accidentés
de Montréal (CATTAM)
2310, Sainte-Catherine Est
Montréal (Québec)
H2K 2J4
Tél.: (514) 529-7942; télécopieur: (514) 529-8925
Courriel: cattam@qc.aira.com

Organisme gouvernemental : Commission des normes du travail

Pour la grande région de Montréal, les coordonnées sont les suivantes :

Commission des normes du travail
500, boul. René-Lévesque Ouest
26ᵉ étage
C.P. 730, succursale Desjardins,
Montréal (Québec)
H2Z 2A5
Tél. : (514) 873-4947 ; télécopieur : (514) 873-7900
www.cnt.gouv.qc.ca
Courriel : srt-montréal@cnt.gouv.qc.ca

Note : La Commission a des bureaux dans toutes les régions du Québec. Pour en connaître l'adresse, et pour toutes informations relatives à la loi, on peut communiquer avec la Commission, de partout, en composant sans frais : 1 (800) 265-1414.